the Reference Book

やっぱり翻訳者は翻訳に集中するべきだと思うんです

SDL Trados Studio 2014

ENJOY LEARNING
Professional Translation

Fren T.opia

はじめに

このたびは本書「SDL Trados Studio 2014 The Reference Book」を手にしていただきありがとうございます。
翻訳業界での事実上のデファクトスタンダードといえるSDL Trados Studio。ですが、その普及率とは反比例して、操作方法に関する情報は残念ながら多いとは言えません。

また、SDL社主催の講習へ参加するにしても数万円の出費を要するなど、決して気軽に導入・運用できる代物でもありません。実際、必要だとは知りつつも導入をためらっている方や、導入してはみたものの使いこなしているとは言い難い方は多いのではないでしょうか。

なおかつ、今回2014にバージョンアップされたことでインターフェイスがリボンUIに一新されています。かつてMicrosoft OfficeがリボンUIに一新されたときのように、従来の使い勝手と大きく変わることにり戸惑うかもしれません。

本書は、そんな翻訳者さま、翻訳会社さまの負担を少しでも軽減することを目的としています。
SDL社の英語を直訳したようなホームページを読まなくても、高額な講習に参加しなくても、みなさまがもっと手軽にSDL Trados Studioに触れていただけるための一助となれば幸いです。

2014年　著者

本書の読者対象

SDL Trados Studioの操作の基本を覚えたいという翻訳者さま、翻訳業者さまを対象としています。
特にSDL Trados Studio習得における負担の大きさにより導入に二の足を踏んでいる方、また今回のバージョンアップで一新されたリボンUIに抵抗感をお持ちの方。そういった方々にもっと気軽にSDL Trados Studioに触れていただけることを目的としています。
なお、あくまでも基本の操作を習得することが目的ですので、それ以上の高度な操作については本書では触れていません。ご了承ください。

本書を読む上で前提となる知識

基本的なパソコンの操作をマスターしていることが前提となります。
本書ではWindows 7にインストールされたTrados Studio 2014 Professionalを使用して解説を進めていきます。
高度な知識は必要ではありませんが、まったくのパソコン初心者の方向けの解説はしておりません。フォルダの作成やファイルの管理、Microsoft社のWordなどのOfficeアプリケーションをある程度理解している必要があります。

本書の作業環境

Windows 7
SDL Trados Studio 2014 Professional
Microsoft Word 2007
Microsoft Excel 2007

Contents

SDL Trados Studio 2014
The Reference Book

目次

SDL Trados Studio 2014

・ 各種ツールの紹介

Chapter **01**
SDL Trados Studio 2014の概要

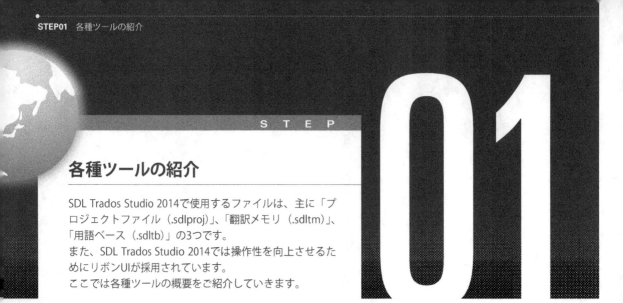

S T E P

各種ツールの紹介

SDL Trados Studio 2014で使用するファイルは、主に「プ
ロジェクトファイル（.sdlproj）」、「翻訳メモリ（.sdltm）」、
「用語ベース（.sdltb）」の3つです。
また、SDL Trados Studio 2014では操作性を向上させるた
めにリボンUIが採用されています。
ここでは各種ツールの概要をご紹介していきます。

1 SDL Trados Studio 2014のホーム画面

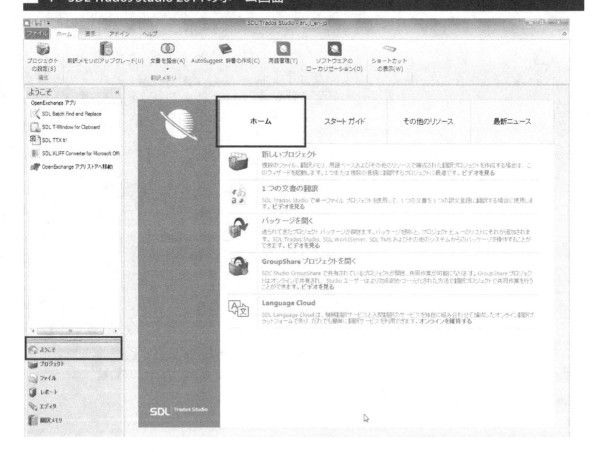

SDL Trados Studio 2014のホーム画面です。
[スタート]→[すべてのプログラム]→[SDL]→[SDL Trados Studio 2014]→ [SDL Trados Studio 2014]をクリック
して起動します。
左下の**[ナビゲーションペイン]**の各項目をクリックすることによって、それぞれの機能にすばやくアクセスする
ことができます。

2 [スタートガイド]タブ

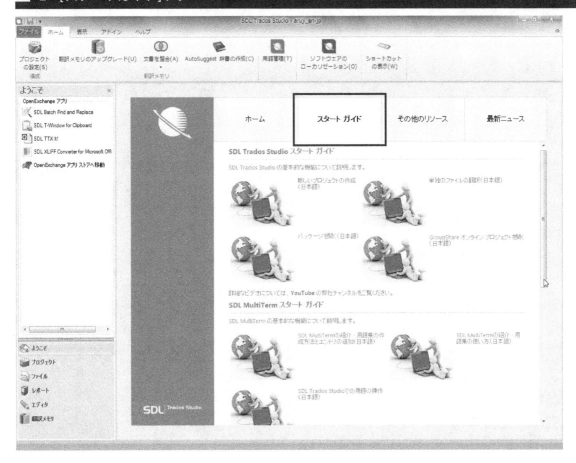

ホーム画面の**[スタートガイド]**タブをクリックすると各種ツールのスタートガイドへのリンク一覧が表示されます。リンク先は動画サイトですので、それぞれのツールについての基本的な操作方法を確認することができます。

3 [整合]

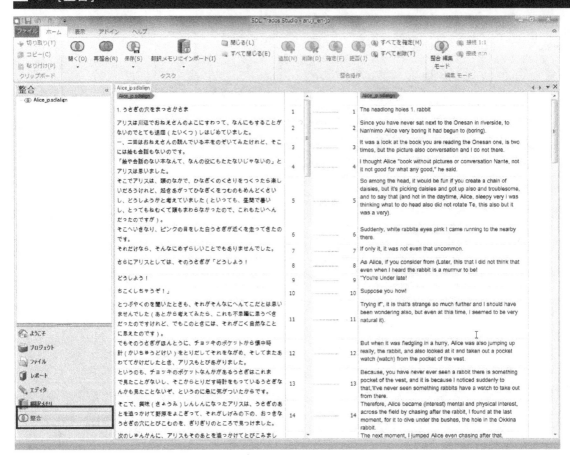

過去の翻訳資産を翻訳メモリに登録する「**整合**」ツールです。
前バージョンまでのWinAlignがなくなり、本バージョンよりSDL Trados Studio内のツールとして統合されました。
[ホーム]リボンにある**[文書を整合]**をクリックすることでウィザードが起動します。

4 ［エディタ］ビュー

②[翻訳認識]エリア

③[用語認識]エリア

❶[エディタ]をクリックする

❹[翻訳結果]エリア

実際の翻訳作業を行う**[エディタ]**ビューです。
❶ナビゲーションペイン エディタ をクリックします。
❷**[翻訳認識]**エリアです。選択された分節に対して、翻訳メモリからマッチ率の高い候補が表示されます。
❸**[用語認識]**エリアです。選択された分節から用語ベースに登録された用語が見つかると、候補が表示されます。
❹**[翻訳結果]**エリアです。分節ごとに区切られた原文が左側に表示されます。右側に翻訳文を入力していきます。

5 SDL Trados Studio 2014の対応ファイル一覧

SDL Trados Studio 2014はさまざまなファイル形式に対応しています。
Microsoft社のOffice製品だけでなく、Adobe社のInDesignやFrameMaker、その他XMLやHTML形式の文書なども翻訳対象ファイルとすることが可能です。
[ファイル]リボン→[オプション]をクリック→ツリーメニュー [ファイルの種類]を展開して、対応ファイル一覧を確認することができます。

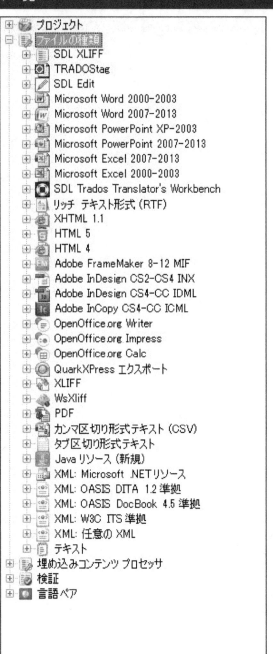

6 用語管理ソフト「SDL MultiTerm 2014」

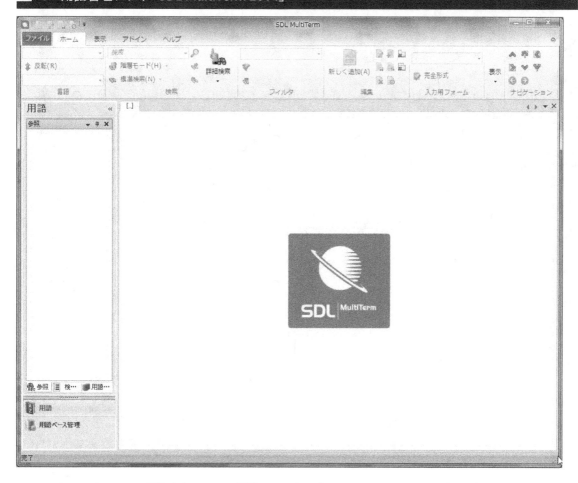

SDL Trados Studio 2014に同梱されている用語管理ソフトです。用語ベースファイル（.sdltb）を作成したり管理するために使用します。
[スタート]→[すべてのプログラム]→[SDL MultiTerm 2014]→[SDL MultiTerm 2014 Desktop]で起動することができます。

7　SDL OpenExchange

「**SDL OpenExchange（http://www.translationzone.com/jp/openexchange/index.html）**」 は SDL Language Technologiesが提供するアプリケーションストアです。
SDL Trados Studioを拡張するさまざまなアプリケーションが提供、販売されているサイトです。有料、無料問わず多くのアプリケーションが扱われているので自分に合ったプラグインを探して利用してみましょう。

SDL Trados Studio 2014

- 新機能「整合」を使用して整合
  プロジェクトを作成する
- 整合作業からインポートまで

Chapter **02**
翻訳メモリを作成する

STEP
01

新機能「整合」を使用して
整合プロジェクトを作成する

過去の翻訳資産を活用して翻訳メモリを作成する「整合」
ツールの使用方法をご紹介していきます。
まずは整合用の原文ファイル、訳文ファイルを用意して、
整合プロジェクトを作成するところから始めましょう。

1 整合用の原文ファイル、訳文ファイルを用意する

❶整合用の原文ファイルとしてフ
ランツ・カフカの「家のあるじ
として気になること」を用意し
ました。「aruji_jp.docx」という
名前でWordファイルに保存して
います。

❷この原文ファイルをGoogle翻
訳（https://translate.google.
co.jp/）を使用して英語にします。
なお、機械翻訳なので英文がお
かしい部分が多々ありますが、
あくまで見本なので気にしない
ことにします。

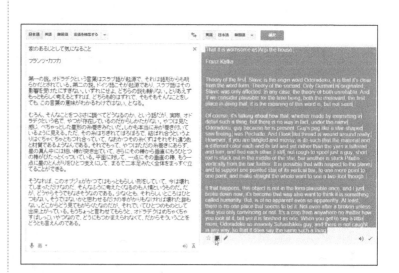

1 整合用の原文ファイル、訳文ファイルを用意する

❸機械翻訳された英語の文章を
Wordにペーストします。

❹「aruji_en.docx」という名前で保
存しました。

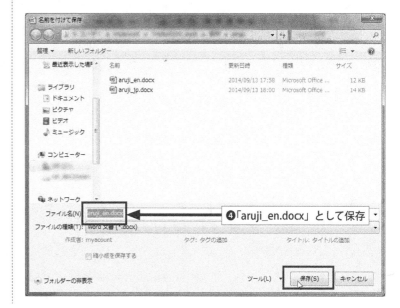

2 「整合」ツールで整合プロジェクトを作成する

❶原文ファイル、訳文ファイルが用意できましたので、実際の整合作業を行うためのプロジェクトを作成しましょう。
ナビゲーションペイン[ようこそ]から[ホーム]リボン→[文書を整合]→ドロップダウンメニュー[文書を整合]をクリックします。

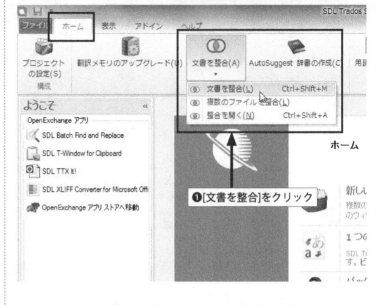

❷[文書を整合]ウィンドウが開きます。

❸まずは翻訳エントリをインポートするための空の翻訳メモリを作成します。
[作成]→[新しいファイル共有タイプの翻訳メモリ]をクリックします。

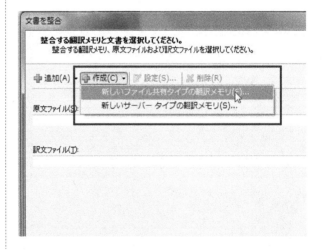

2 「整合」ツールで整合プロジェクトを作成する

❹翻訳メモリの名前を任意で入力
します。今回は「**aruji_jp-en**」
としました。

❺翻訳メモリを保存するフォルダ
を選択しましょう。画面右側に
ある**[参照]**をクリックします。

❻任意のフォルダを選択して**[フォ
ルダーの選択]**をクリックします。

❼選択したフォルダ名が表示され
ていることを確認して**[次へ]**をク
リックします。

2　「整合」ツールで整合プロジェクトを作成する

❽このままでOKですので[**次へ**]を
クリックします。

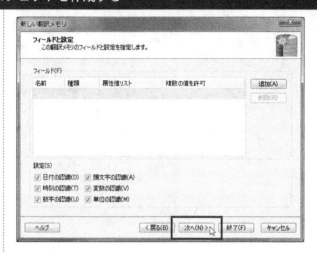

❾このままでOKですので[**終了**]を
クリックします。

❿進捗バーが伸びて「**完了しまし
た。**」と表示されたことを確認し
ます。
⓫[**閉じる**]をクリックします。

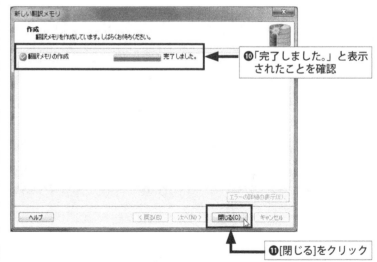

⓫[閉じる]をクリック

2 「整合」ツールで整合プロジェクトを作成する

⓬[文書を整合]ウィンドウに戻りますので、次は原文ファイルと訳文ファイルをプロジェクトに取り込みましょう。「**原文ファイル**」側の[**参照**]をクリックします。

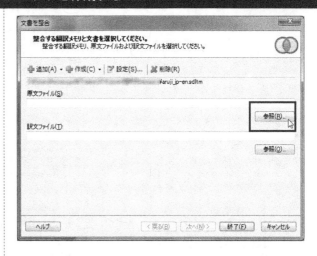

⓭原文ファイル「**aruji_jp.docx**」を選択して[**開く**]をクリックします。

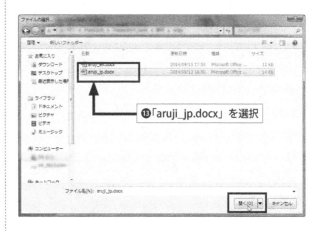

⓭「aruji_jp.docx」を選択

⓮同様に訳文ファイル「**aruji_en.docx**」を選択して、[**終了**]をクリックします。

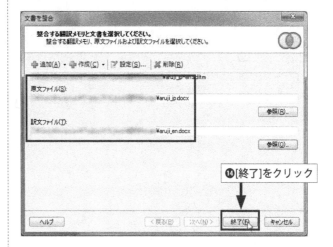

⓮[終了]をクリック

2　「整合」ツールで整合プロジェクトを作成する

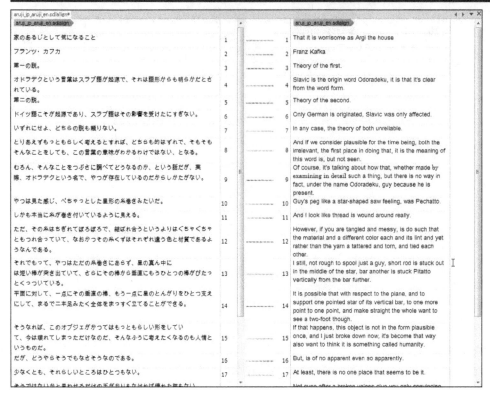

❶ファイルの整合が正常に終了すると上記画面が表示されます。

左側に原文ファイル、**右側に訳文ファイル**の内容が分節ごとに区切られた状態で表示されています。

また、各分節同士が点線でつながれていることがわかります。これは分節同士が未確定状態でリンクされていることを表しています。

S T E P

整合作業からインポートまで

整合プロジェクトの作成が完了しましたので、次は「実際の整合作業」から「翻訳メモリへのインポート」までの手順をご紹介します。
また、整合する原文、訳文ファイルは複数ファイルを同時に取り込むことも可能です。

---

1 整合プロジェクトを保存する

❶まずは新規で作成した整合プロジェクトを保存しましょう。
ナビゲーションペイン
[整合] の[ホーム]リボン
→[保存]→ドロップダウンメニュー[保存]をクリックします。

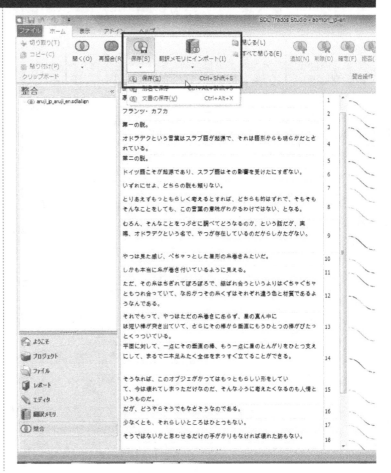

1　整合プロジェクトを保存する

❷保存先フォルダを選択して**[保存]**をクリックします。

プロジェクト名は任意で入力することも可能ですが、デフォルトだと**原文ファイル名と訳文ファイル名を「_」(アンダーバー)でつなげた名前**になります。今回は「**aruji_jp_aruji_en**」というプロジェクト名になっています。なお、拡張子は**.sdlalign**です。

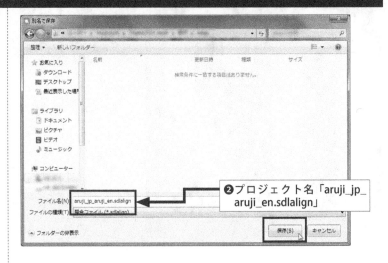

❸プロジェクトが保存できました。では少し**「整合」**ツールを見てみましょう。

分節ごとに区切られた原文、訳文ファイルの内容が、左右点線で結ばれていることがわかります。これは左右の分節同士が未確定状態でリンクされていることを表しています。

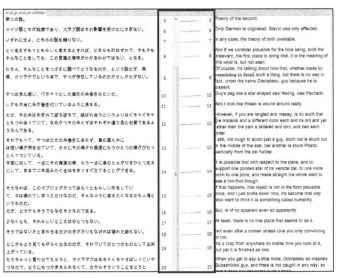

❹スクロールバーを選択して上下にドラッグすると、リンクされた点線も連動して上下します。

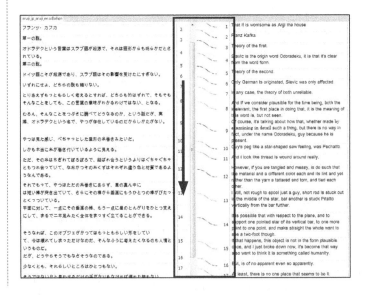

2　分節のリンクを解除する

❶ではまず分節のリンクを削除してみましょう。最初に**「9」番目の分節**のリンクを削除してみます。まずは**「9」番目の分節**の部分をクリックして選択します。なお、選択するのは原文側、訳文側どちらでもOKです。

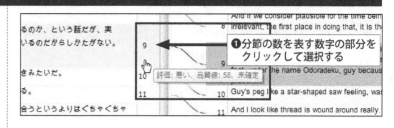

❷分節を選択した状態で**右クリック→[削除]**をクリックします。

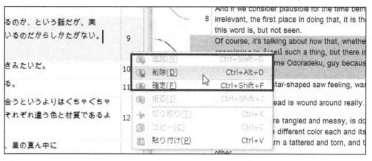

❸分節のリンクが削除されました。

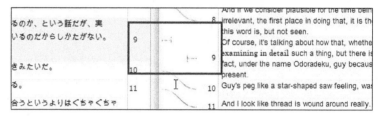

❹同様に**「10」番目の分節**の部分を選択して**右クリック→[削除]**をクリックします。

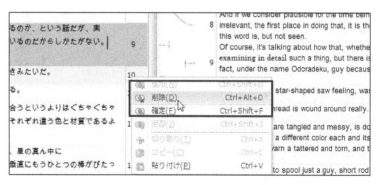

❺**「10」番目**の分節のリンクも削除されました。

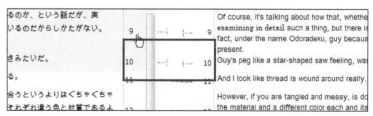

3　分節をリンクする

❶次は分節をリンクする方法です。
試しに**「原文分節の9番目と10番目」**を**「訳文分節の9番目」**に**同時にリンク**してみます。
2つの原文分節を**Shiftキー**を押しながら選択して、**「9」**番目の訳文分節にドラッグします。

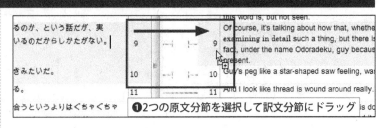

❶2つの原文分節を選択して訳文分節にドラッグ

❷訳文1分節に対して原文2分節がリンクされました。

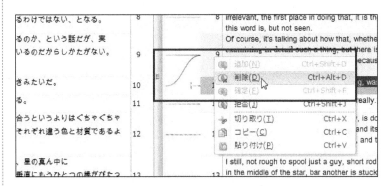

❸リンクを削除します。
分節を選択して**右クリック→[削除]**をクリックします。

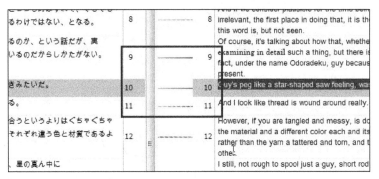

❹元通りにリンクしなおしておきます。

column

分節を選択するのが意外と難しい？

「分節」ツールは、慣れないうちは分節を選択してドラッグするのに難儀するかも知れません。
分節を確実に選択するには、**分節の数を表す数字の部分をクリック**します。うまく選択できると分節のセルが黄色に変わりますので、その状態からドラッグしましょう。

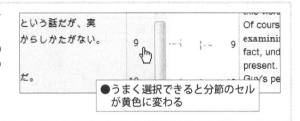

●うまく選択できると分節のセルが黄色に変わる

4 分節のリンクを確定する

未確定の分節のリンクにはそれぞ
れ**ステータス**があり、分節の上に
カーソルを合わせることでステー
タスを表示することができます。
整合作業の参考にするといいかも
知れません。

❶赤色の点線は「整合結果の評価
が低い分節」です。

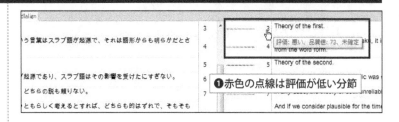

❷黄色の点線は「整合結果の評価
が普通の分節」です。

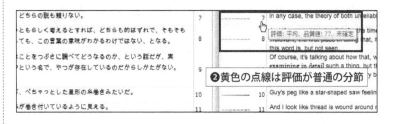

❸緑色の点線は「整合結果の評価
が高い分節」です。

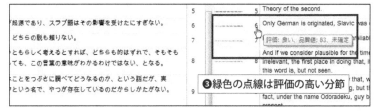

❹では未確定の分節のリンクを確
定してみます。
未確定の分節を選択して**右ク
リック→[確定]**をクリックします。

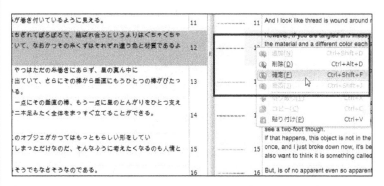

❺分節同士を結んでいた**点線が実
線に変わり**、リンクが確定され
ました。

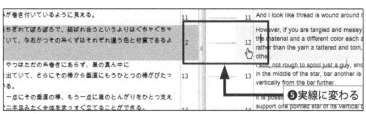

❻いったん確定した分節を未確定
状態に戻すには、確定済みの分
節を選択して**右クリック→[拒否]**
をクリックします。

4　分節のリンクを確定する

❼未確定状態に戻りました。なお
その際ステータスは**必ず緑色の
点線**（整合結果の評価が高い分
節）になります。

❼必ず緑色の点線になる

5　整合結果を翻訳メモリにインポートする

❶整合作業が一通り終わりました
ので、整合結果を翻訳メモリ
「**aruji_jp-en.sdltm**」へインポー
トしましょう。

❷[ホーム]リボン→[翻訳メモリに
インポート]をクリック→ドロッ
プダウンメニュー [詳細インポー
ト]をクリックします。

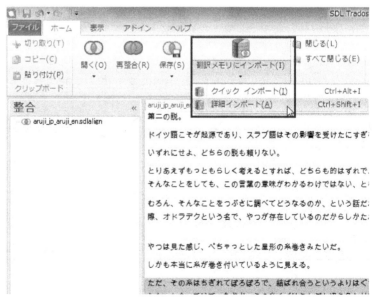

5 整合結果を翻訳メモリにインポートする

❸[翻訳メモリインポートウィザード]に進みます。
インポートするメモリ名が表示されていることを確認して[次へ]をクリックします。

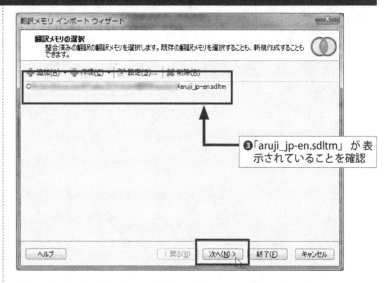

❸「aruji_jp-en.sdltm」が表示されていることを確認

❹[終了]をクリックします。
なお、もし翻訳単位のテキスト属性をすべて削除したプレーン状態でインポートしたい場合は、[翻訳単位をプレーンテキストとしてインポート]にチェックを入れます。
今回はチェックを入れずに[終了]をクリックしています。

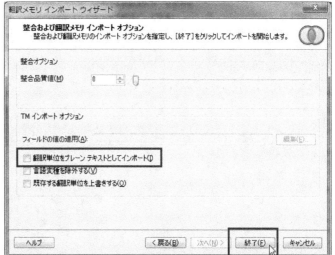

❺インポートが正常に完了したことを伝えるアラートが出ますので[OK]をクリックして閉じます。
これで整合結果が翻訳エントリとして翻訳メモリにインポートされました。

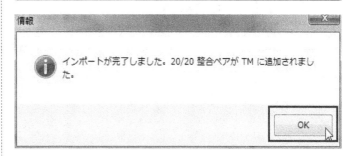

6 「整合」ツールで複数の整合プロジェクトを一括で作成する

❶「整合」ツールでは**複数のプロ
ジェクトを一括で作成**すること
も可能です。
[ホーム]リボン→[文書を整合]
をクリック→ドロップダウンメ
ニュー[複数のファイルを整合]
をクリックします。

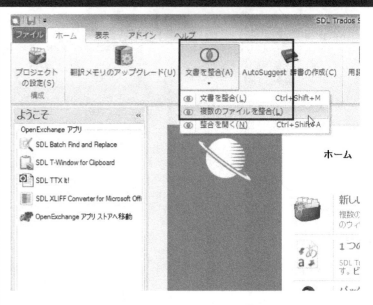

❷[整合結果ファイルを後のレ
ビューのために保存]にチェック
を入れて、[フォルダを参照]をク
リックします。

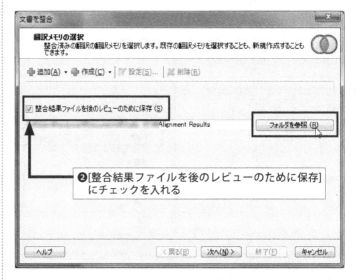

❸整合プロジェクトを保存する
フォルダを選択して[フォルダー
の選択]をクリックします。

6 「整合」ツールで複数の整合プロジェクトを一括で作成する

❹インポートする翻訳メモリを選
択します。今回は既存の翻訳メ
モリを指定してみます。
[追加]→[ファイル共有タイプの
翻訳メモリ]をクリックします。

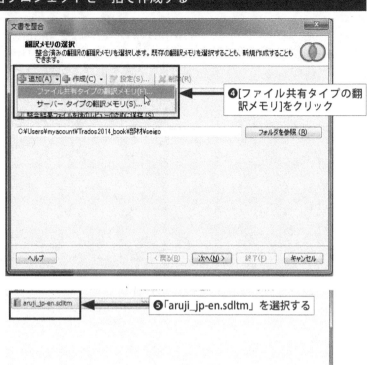

❺P.22で整合結果をインポート
した翻訳メモリ「aruji_jp-en.
sdltm」を選択して[開く]をクリッ
クします。

aruji_jp-en.sdltm ◀━━━ ❺「aruji_jp-en.sdltm」を選択する

ァイル名(N): aruji_jp-en.sdltm　　　　　　　　　　　　　▼　翻訳メモリ (*.sdltm)　　▼

　　　　　　　　　　　　　　　　　　　　　　　　　　　　開く(O) ▼　　キャンセル

❻選択した翻訳メモリ名が表示さ
れていることを確認して[次へ]を
クリックします。

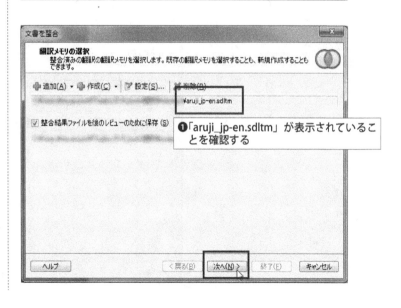

6 「整合」ツールで複数の整合プロジェクトを一括で作成する

❼[追加]→[原文ファイル]をクリックします。

❽複数の原文ファイルを選択して[開く]をクリックします。**Altキー**や**Shiftキー**を押しながらファイルをクリックすることで複数のファイルを選択できます。
今回は別口で用意した**「不思議の国のアリス」**の冒頭部分をWord化した**「Alice_jp.docx」**と、**「食通」**をWord化した**「shokutu_jp.docx」**を選択しています。

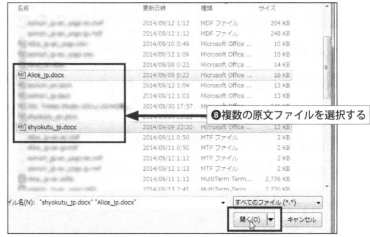

❾続いて訳文ファイルを選択します。**[追加]→[訳文ファイル]をク**リックします。

6　「整合」ツールで複数の整合プロジェクトを一括で作成する

❿1つ目の訳文ファイル「**Alice_en.docx**」を選択して[**開く**]をクリックします。なお、訳文ファイルは1ファイルずつしか選択できないのでご注意ください。

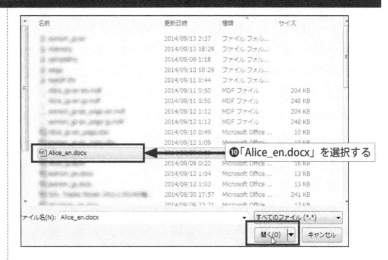

⓫再度、[**追加**]→[**訳文ファイル**]をクリックします。

⓬2つ目の訳文ファイル「**shyokutu_en.docx**」を選択して[**開く**]をクリックします。

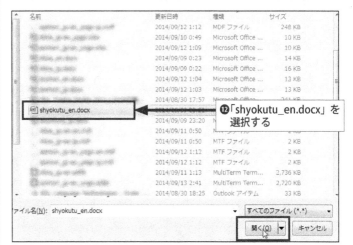

■ 6 「整合」ツールで複数の整合プロジェクトを一括で作成する

⓭選択した原文ファイル、訳文ファ
イルがそれぞれ正しく表示され
ていることを確認して[終了]をク
リックします。

⓮各ファイルの進捗バーが伸びて
それぞれ整合処理が行われます。
完了したことを確認して[閉じる]
をクリックします。

⓯「整合結果ファイルを含むオープ
ンフォルダを特定」というアラー
トが表示されますので[はい]をク
リックします。

■ 6 「整合」ツールで複数の整合プロジェクトを一括で作成する

⓰作成した整合プロジェクトが保存されたフォルダが開きます。「aruji_jp_aruji_en.sdlalign」と「shyokutu_jp_shyokutu_en.sdlalign」の2つの整合プロジェクトが生成されていることがわかります。

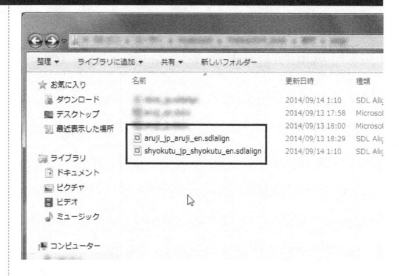

⓱では作成した整合プロジェクトを開いてみます。
[ホーム]リボン→[文書を整合]→ドロップダウンメニュー [整合を開く]をクリックします。

⓲整合プロジェクト「shyokutu_jp_shyokutu_en.sdlalign」を選択して[開く]をクリックします。

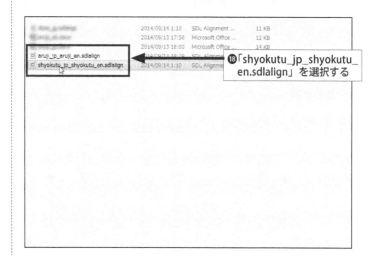

⓳「shyokutu_jp_shyokutu_en.sdlalign」を選択する

6　「整合」ツールで複数の整合プロジェクトを一括で作成する

⓳ 整合プロジェクト「**shyokutu_jp_shyokutu_en.sdlalign**」が開きました。原文ファイルと訳文ファイルが整合されています。

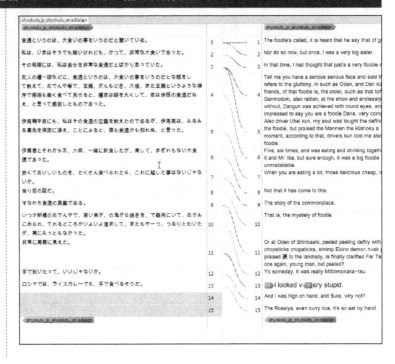

---

column

後から細かく調整することが難しい「整合」ツール

新しい「**整合**」ツールはこれまでのWinAlignと比べて整合の精度が上がり、自動的に得られる整合結果がある程度正確になった代わりに、後から分節を細かく調整することが難しくなっています。
分節を分割したり、上下の分節を結合するなどの機能がなくなったほか、分節の下に空の分節を追加したりといったこともできなくなっています。
また、1つの訳文分節に複数の原文分節をリンクさせることは可能ですが、リンクできるのは最大3分節までとなっています。

整合結果があまり思わしくない場合は、整合プロジェクトをXLIFFファイルに保存して、 エディタ 上で[**分節の結合**]や[**分節の分割**]機能を使用して編集することができます。それによって、検証機能を使用できるなどのメリットも生まれます。
その他、元のファイルに戻って整合しやすいように調整し直したり、分節規則を変更して整合することも可能ですが、ここでは エディタ 上で分節を調整する方法をご紹介します。

整合プロジェクトを開いた状態
で[ホーム]リボン→[保存]→ド
ロップダウンメニュー[文書の保
存]をクリックします。

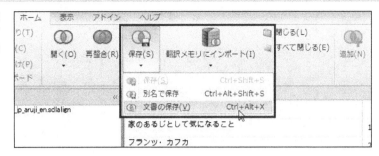

保存するフォルダを選択します。
[ファイルの種類]が「SDLXLIFF
ファイル」になっていることを
確認、任意のファイル名を入力
（今回はデフォルトの「aruji_jp_
aruji_en.sdlxliff」のまま）して[保
存]をクリックします。

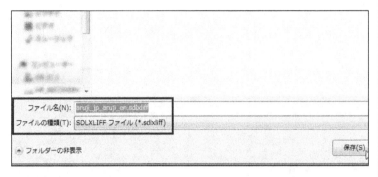

XLIFFファイルを保存したら、次
はそのファイルを エディタ で開
きましょう。
[ファイル]リボン→[開く]→[1つ
の文書の翻訳]をクリックします。

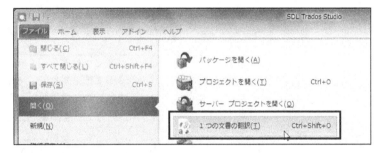

保存したXLIFFファイル（今回は
「aruji_jp_aruji_en.sdlxliff」）を
選択して[開く]をクリックします。

エディタ でXLIFFファイルが開きました。

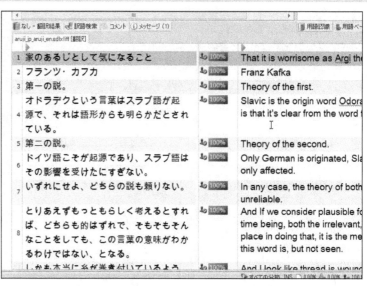

では、まず分節を分割してみます。**原文分節の分割したい位置にカーソルを移動**します。

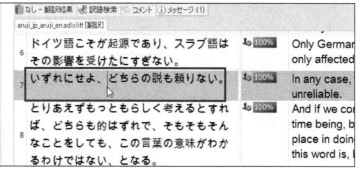

[右クリック]→[分節の分割]をクリックします。

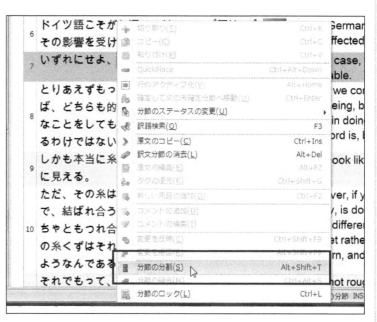

分節が分割されました。
なお、訳文分節の側には新しく空白の分節ができていることがわかります。実際の翻訳作業ではここに新しい翻訳を入力していくことになります。

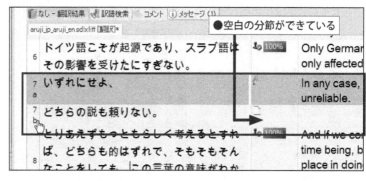

続いて分節を結合する手順です。**結合したい分節をShiftキーを押しながら選択**します。今回は一度分割した分節（分節番号7aと7b）を再度結合します。

分節を選択した状態で**右クリック→[分節の結合]**をクリックします。

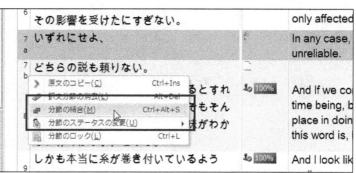

分節が結合されました。

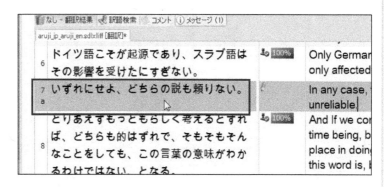

同様に分節番号10aと10bも結合してみましょう。2つの分節を選択した状態で**右クリック→[分節の結合]**をクリックします。

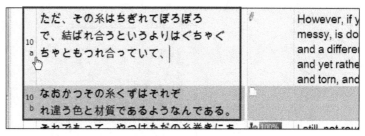

分節が結合されました。

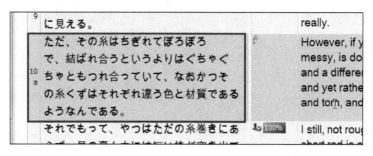

一通り分節の調整が終わったら、その結果を翻訳メモリに書き出しましょう。

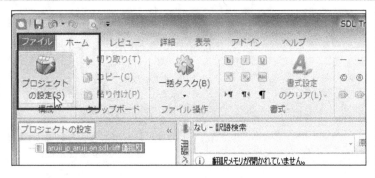

[エディタ] でXLIFFファイルを開いた状態で、[ホーム]リボン→[プロジェクトの設定]をクリックします。

ツリーメニュー [言語ペア]→[すべての言語ペア]→[翻訳メモリと自動翻訳]と展開します。

[作成]をクリックして、プルダウンから[新しいファイル共有タイプの翻訳メモリ]をクリックします。

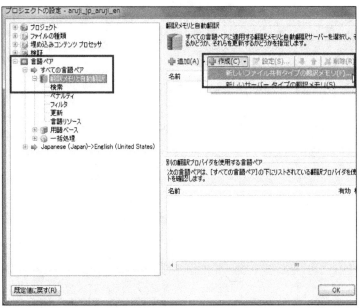

[新しい翻訳メモリ]ウィンドウで[名前]欄に任意の翻訳メモリ名（今回は「aruji_memory」としました）を入力して[次へ]をクリックします。

[次へ]をクリックして進みます。

[終了]をクリックして進みます。

[翻訳メモリの作成]が正常に完了したことを確認して[閉じる]をクリックします。

プロジェクトの設定画面に戻ります。

[翻訳メモリと自動翻訳]欄に作成した翻訳メモリ（ここでは「aruji_memory.sdltm」）が表示されていることを確認して[OK]をクリックします。

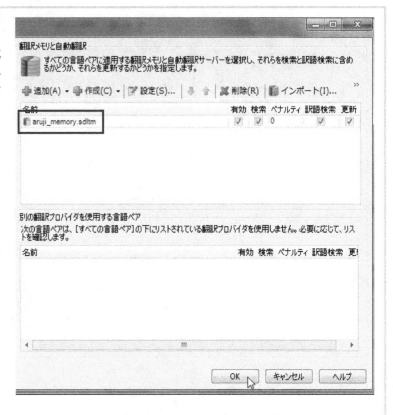

に戻ります。

XLIFFファイルの内容を翻訳メモリに保存します。

[ホーム]リボン→[一括タスク]→[メインの翻訳メモリの更新]をクリックします。

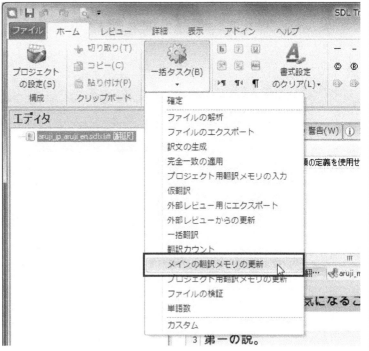

[一括処理]ウィンドウが表示され
ます。
[連続タスク]欄で[メインの翻訳
メモリの更新]が選択されている
ことを確認して[次へ]をクリック
します。

[一括処理]ウィンドウの[設定]ま
で進んだら、[翻訳メモリの更新]
項目の[翻訳中]にチェックを入れ
て[終了]をクリックします。
ここにチェックを入れることで、
**ステータスが未確定の分節も翻
訳メモリに保存されます。**

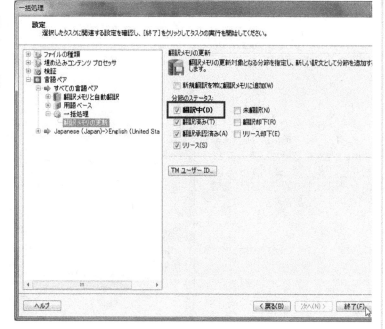

[メインの翻訳メモリの更新]が正
常に完了したことを確認して[閉
じる]をクリックします。

右のアラートが表示されます。
特に開く必要はないので[いいえ]
をクリックしましょう。
これでXLIFFファイルの内容が
翻訳メモリ「aruji_memory.
sdltm」に保存されました。

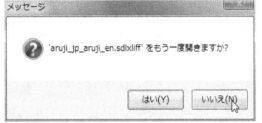

では、ちゃんと保存されている
か翻訳メモリ「aruji_memory.
sdltm」を開いて確認してみます。
翻訳メモリ に移動して[ホーム]リ
ボン→[開く]→[翻訳メモリを開
く]をクリックします。

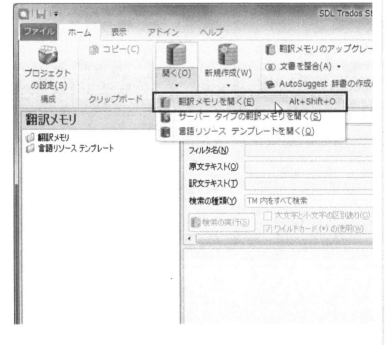

翻訳メモリ（今回は「aruji_memory.sdltm」）を選択して[開く]をクリックします。

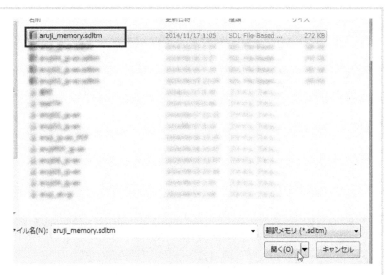

翻訳メモリ「aruji_memory.sdltm」が開きました。
ちゃんと整合プロジェクトの内容が保存されていることが確認できます。

SDL Trados Studio 2014

- Excel ファイルをコンバート
  する
- SDL MultiTerm 2014 で用語
  ベースを作成する
- 用語エントリをインポート
  する
- 用語ベースを編集する

Chapter **03**

用語ベースを作成する

S T E P

Excelファイルをコンバートする

ここでは、「用語集がExcelファイルで支給された」と仮定して、Excelファイルから用語ベースを作成する手順をご紹介します。

まずは「SDL MultiTerm 2014 Convert」を使用してExcelファイルをMultiTermにインポートできる形式にコンバートします。

■ 1 「SDL MultiTerm 2014 Convert」でExcelファイルをコンバートする

❶まずは用語ベース用のExcelファイルを用意します。

ここではP.010で作成した「**aruji_jp.docx**」から適当に単語をピックアップしてGoogle翻訳（https://translate.google.co.jp/）で英語に翻訳しました。

なお、Excelファイルで用語集が支給された場合、必ず**1列目をタイトル列**としてください。もし1列目がタイトルになっていないとコンバートがうまくいかなくなりますのでご注意下さい。

ここでは**日本語列を「jp」、英語列を「en」**としています。

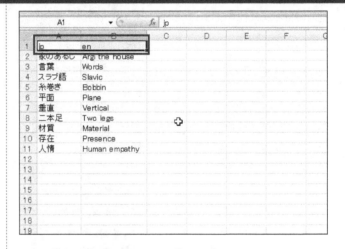

❷Excelファイルを保存します。今回は「**aruji_jp-en_yogo.xlsx**」というファイル名で保存しました。

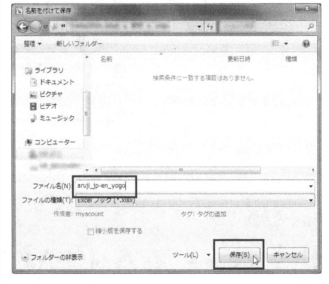

1 「SDL MultiTerm 2014 Convert」でExcelファイルをコンバートする

❸「SDL MultiTerm 2014 Convert」を起動します。[スタート]→[すべてのプログラム]→[SDL]→[SDL MultiTerm 2014 Convert]をクリックします。

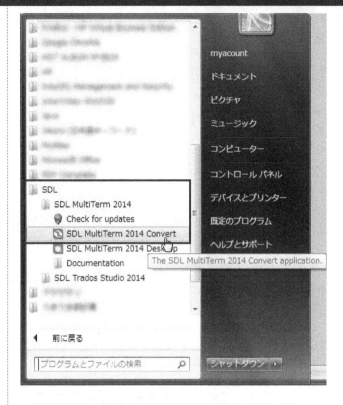

❹ウィザードが起動しますので[次へ]をクリックして進みます。

1 「SDL MultiTerm 2014 Convert」でExcelファイルをコンバートする

❺[新規変換セッション]にチェックが入っていることを確認して[次へ]をクリックします。

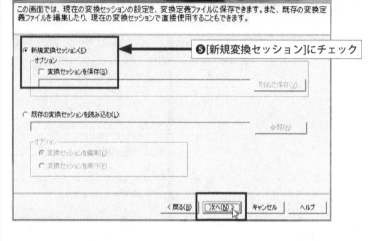

❺[新規変換セッション]にチェック

❻変換オプションを選択します。[Microsoft Excel形式]にチェックを入れて[次へ]をクリックします。

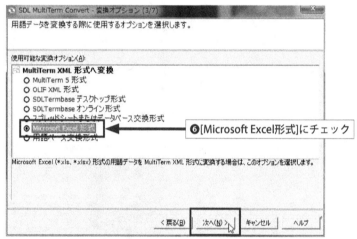

❻[Microsoft Excel形式]にチェック

❼Excelファイルを取り込みましょう。[入力ファイル]欄の[参照]をクリックします。

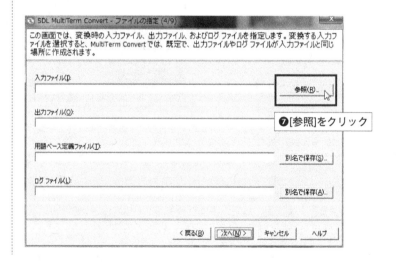

❼[参照]をクリック

1 「SDL MultiTerm 2014 Convert」でExcelファイルをコンバートする

❽Excelファイル（「**aruji_jp-en_yogo.xlsx**」）を選択して[**開く**]をクリックします。

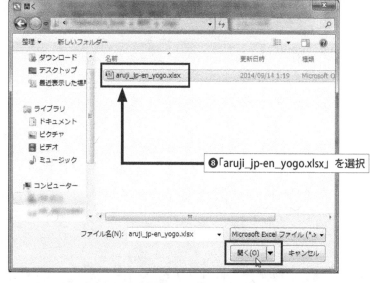

❾[**入力ファイル**]、[**出力ファイル**]、[**用語ベース定義ファイル**]、[**ログファイル**]各項目に選択したExcelファイルのファイル名が、拡張子違いで表示されていることを確認して[**次へ**]をクリックします。

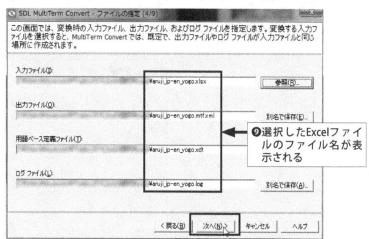

❿[**使用可能な列見出しフィールド**]にExcelファイルの1列目に入力したタイトル（**jp、en**）が表示されていまることがわかります。まずは[**jp**]を選択しましょう。

⓫[**jp**]を選択した状態で[**インデックスフィールド**]のプルダウンメニューから言語を選択します。ここでは[**Japanese**]を選択しました。

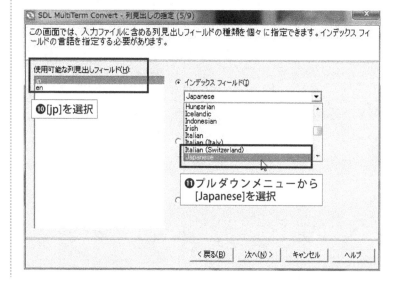

1 「SDL MultiTerm 2014 Convert」でExcelファイルをコンバートする

⓬続いて[en]を選択した状態で[インデックスフィールド]のプルダウンメニューから[English (United States)]を選択します。

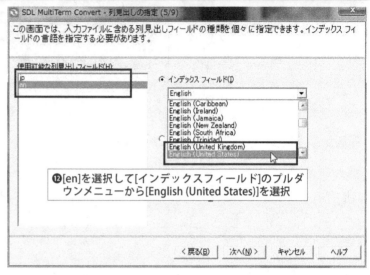

⓭正しく選択できたことを確認して[次へ]をクリックします。

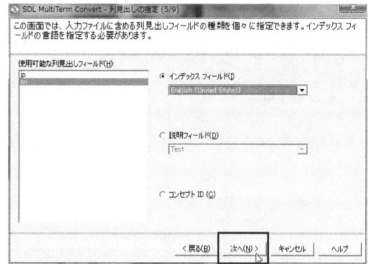

⓮このままでOKですので[次へ]をクリックします。

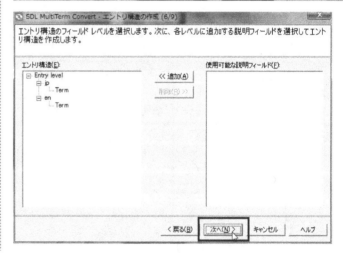

1 「SDL MultiTerm 2014 Convert」でExcelファイルをコンバートする

❶選択したファイル（「**aruji_jp-en_yogo**」）が表示されていることを確認して[**次へ**]をクリックします。

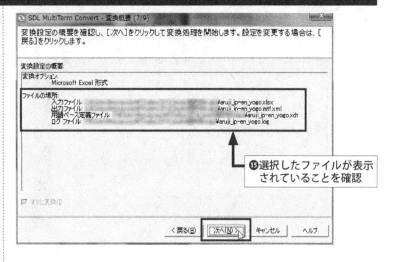

❶選択したファイルが表示されていることを確認

❶コンバートが実行されます。バーが最後まで伸びてコンバートが完了したことを確認して[**次へ**]をクリックします。

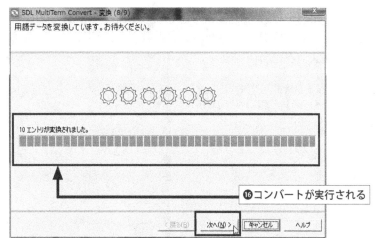

❶コンバートが実行される

❶コンバートが正常に終了すると[**変換完了**]ウィンドウが表示されます。[**終了**]をクリックして閉じます。

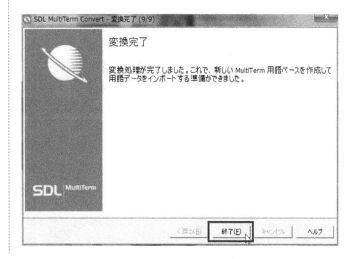

S T E P

SDL MultiTerm 2014で
用語ベースを作成する

Excelファイルのコンバートが完了しましたので、続いて
「SDL MultiTerm 2014 Desktop」を使用して用語ベースを
作成する手順をご紹介します。まずは用語エントリをイン
ポートするための空の用語ベースを作成します。

1 「SDL MultiTerm 2014 Desktop」で空の用語ベースを新規作成する

❶「SDL MultiTerm 2014 Desktop」
を起動します。
[スタート]→[すべてのプログラ
ム]→[SDL]→[SDL MultiTerm
2014 Desktop]をクリックします。

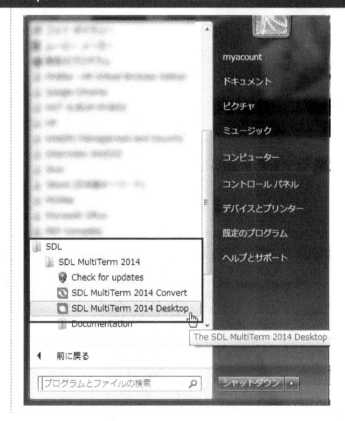

1 「SDL MultiTerm 2014 Desktop」で空の用語ベースを新規作成する

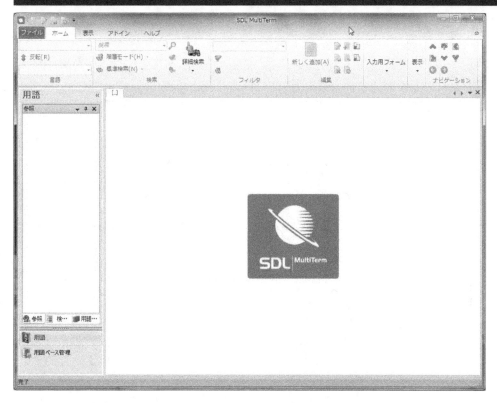

❷[SDL MultiTerm 2014 Convert]が起動してホーム画面が表示されます。

❸[ホーム]リボン→[新規]→[用語ベースの作成]をクリックします。

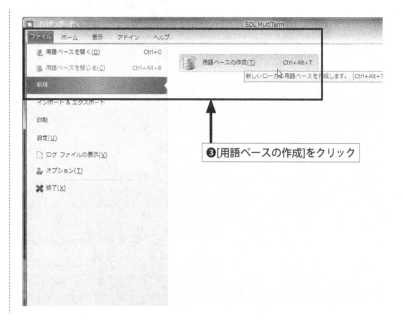

❸[用語ベースの作成]をクリック

1　「SDL MultiTerm 2014 Desktop」で空の用語ベースを新規作成する

❹用語ベースを保存するフォルダ
を選択して、ファイル名を入力、
[保存]をクリックします。今回は
「aruji_yogo.sdltb」というファ
イル名で保存しました。

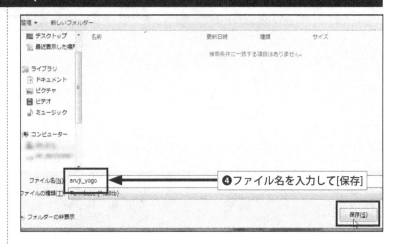

❺[用語ベースウィザード]が起動し
ます。[次へ]をクリックして進み
ます。

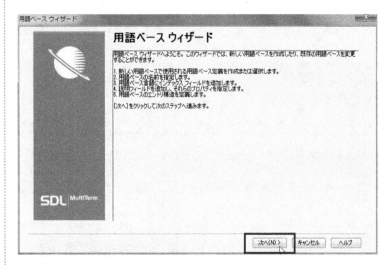

❻[既存の用語ベース定義ファイル
を読み込み]欄の[参照]をクリッ
クします。

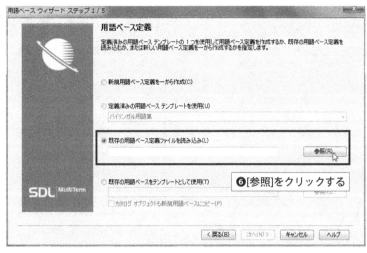

1 「SDL MultiTerm 2014 Desktop」で空の用語ベースを新規作成する

❼P.042で書き出された用語ベース
定義ファイル（**拡張子.xdt**）を選
択して[**開く**]をクリックします。
今回は「**aruji_jp-en_yogo.xdt**」
ファイルを選択しています。

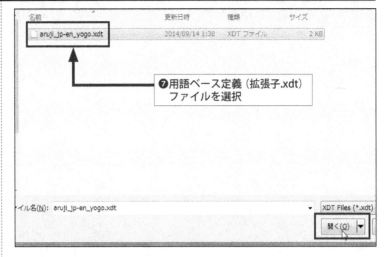

❽選択した用語ベース定義ファイ
ルが表示されていることを確認
して[**次へ**]をクリックします。

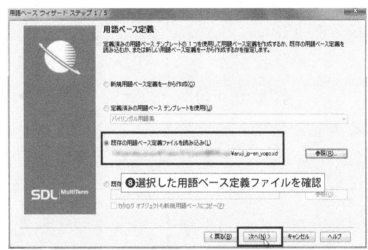

❾用語ベースの[**表示名**]を入力して
[**次へ**]をクリックします。今回は
「**aruji_yogo**」と入力しました。

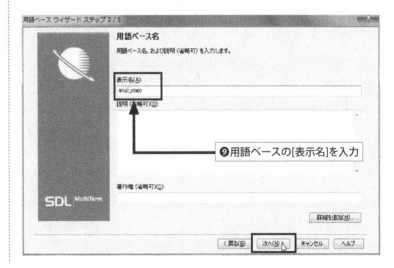

1　「SDL MultiTerm 2014 Desktop」で空の用語ベースを新規作成する

⓭このままでOKですので**[次へ]**を
クリックします。

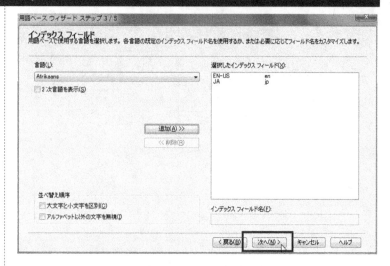

⓮このままでOKですので**[次へ]**を
クリックします。

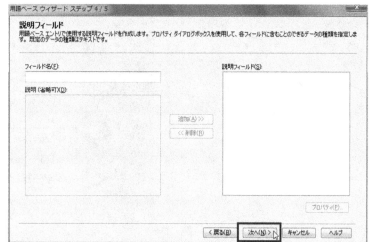

⓯このままでOKですので**[次へ]**を
クリックします。

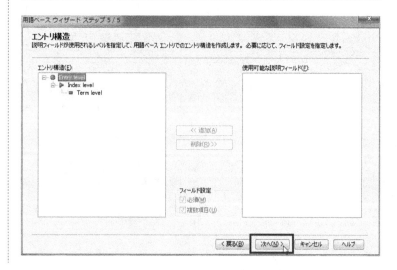

1 「SDL MultiTerm 2014 Desktop」で空の用語ベースを新規作成する

⓰[ウィザード完了]ウィンドウが表示されますので、[終了]をクリックしてウィザードを閉じます。
これで空の用語ベース「aruji_yogo.sdltb」が新規に作成されました。

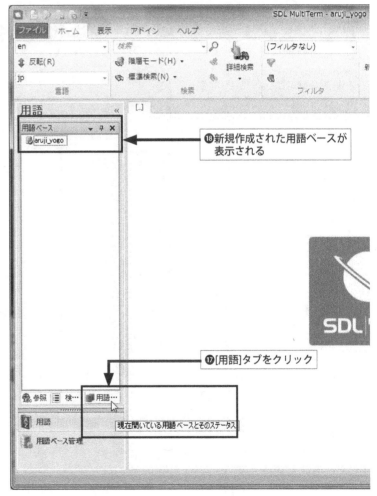

⓱[ホーム]リボンに戻りますので、[用語]タブをクリックして表示します。
⓲新規作成された空の用語ベース「aruji_yogo」が表示されています。

⓲新規作成された用語ベースが表示される

⓱[用語]タブをクリック

用語エントリをインポートする

STEP 03

空の用語ベースが新規に作成されましたので、次は用語エントリをインポートする手順をご紹介します。
用語エントリ情報は「SDL MultiTerm 2014 Convert」で書き出したxmlファイルに保存されています。

1　用語エントリを用語ベースにインポートする

❶まずは用語ベース（ここでは「**aruji_yogo**」）を**右クリック**→プルダウンメニューから[**用語ベースにインポート**]をクリックします。

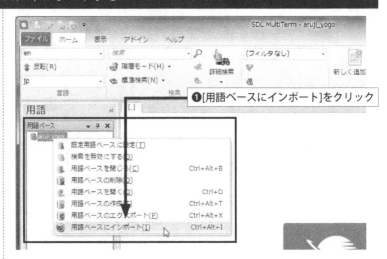

❶[用語ベースにインポート]をクリック

❷[**インポートウィザード**]が起動しますので、[**インポートファイル**]欄の[**参照**]をクリックします。

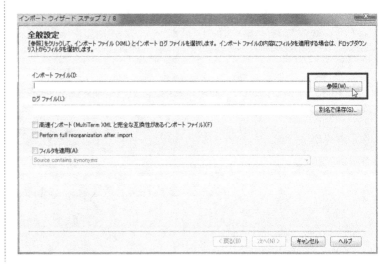

1 用語エントリを用語ベースにインポートする

❸インポートする用語エントリ
ファイル（xmlファイル）を選択
して[開く]をクリックします。
今回は「aruji_jp-en_yogo.mtf.
xml」ファイルを選択しています。

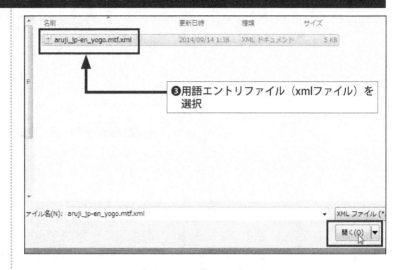

❸用語エントリファイル（xmlファイル）を
選択

❹[インポートファイル]欄と[ログ
ファイル]欄に選択したファイル
名が表示されていることを確認
します。
[高速インポート（MultiTerm
XMLと完全な互換性があるイン
ポートファイル））]にチェックを
入れ、[次へ]をクリックします。

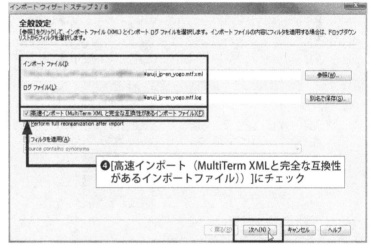

❹[高速インポート（MultiTerm XMLと完全な互換性
があるインポートファイル））]にチェック

❺[概要]を確認します。
選択したファイル名が表示され
ていることを確認して[次へ]をク
リックします。

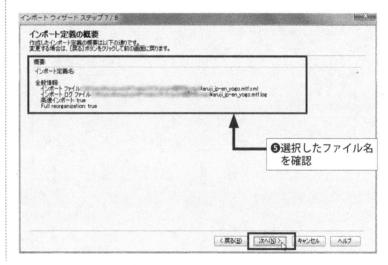

❺選択したファイル名
を確認

1　用語エントリを用語ベースにインポートする

❻用語エントリのインポートが実
行されます。進捗バーが100%ま
で伸びたことを確認して**[次へ]**を
クリックします。

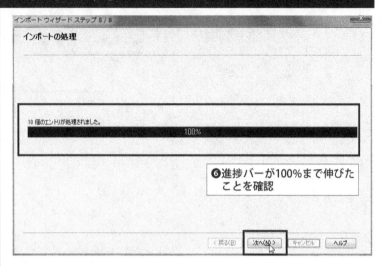

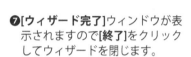

❼**[ウィザード完了]**ウィンドウが表
示されますので**[終了]**をクリック
してウィザードを閉じます。

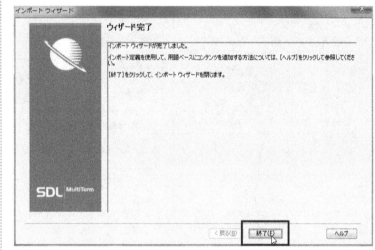

1 用語エントリを用語ベースにインポートする

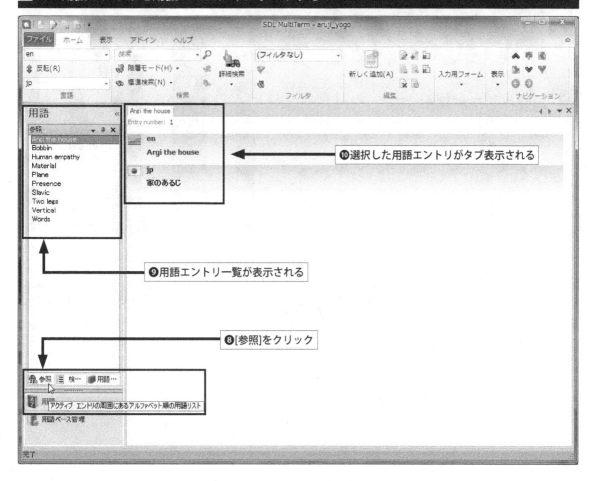

⑩選択した用語エントリがタブ表示される

❾用語エントリ一覧が表示される

❽[参照]をクリック

用語エントリのインポートが完了しました。
SDL MultiTerm 2014 Desktopでインポートされた用語エントリを確認してみましょう。
❽**[参照]**をクリックします。
❾登録された用語エントリ一覧が表示されます。
⑩選択した用語エントリがタブ表示されます。

S T E P

用語ベースを編集する

用語エントリのインポートが完了し、用語ベースが作成できました。では次にこの用語ベースに登録された用語エントリを変更したり、新しい用語エントリの追加や削除の手順をご紹介します。

なお、一度削除された用語エントリは二度と復活できませんのでご注意ください。

1 原文言語、翻訳言語を反転する

❶SDL MultiTerm 2014 Desktopでは原文言語と訳文言語を自由に反転させることができます。
[ホーム]リボンの左上にある[反転]をクリックすることで原文言語と訳文言語を反転できます。

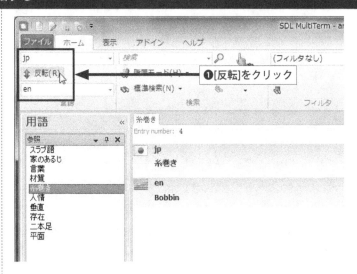

❷インデックスフィールド名[en]と[jp]（Excel用語ベースの1列目に入力したもの）が反転し、原文言語と訳文言語が入れ替わりました。

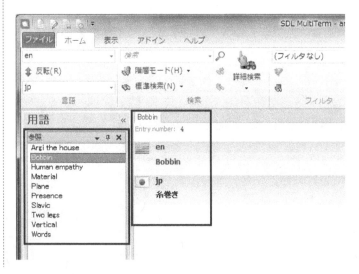

2 用語エントリを変更する

❶次は登録された用語エントリを
変更する方法です。
一覧から変更したい用語エント
リを選択して**右クリック→[編集]**
をクリックします。

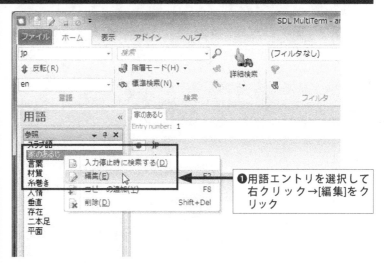

❶用語エントリを選択して
右クリック→[編集]をク
リック

❷選択した用語エントリが編集可
能モードで開きます。**変更した
い単語の上にカーソルを移動し
てダブルクリック**します。

❷変更したい単語をダブルクリック

❸エントリフィールドが入力可能
になりますので、正しい用語を
入力します。
ここでは「Argi the house」を「**The
Argi the house**」としました。

❸入力ウィンドウに正しい用
語を入力

2 用語エントリを変更する

❹入力が終わったらエントリ
フィールドの任意の位置で**右ク
リック→[保存]**をクリックして変
更を保存します。

3 用語エントリを追加する

❶次は新しく用語エントリを追加
する方法です。
任意の位置を**右クリック→[新し
く追加]**をクリックします。

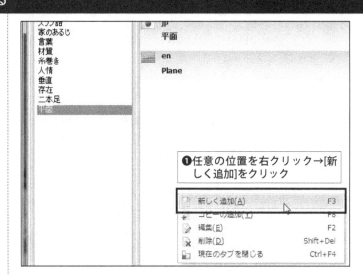

❷空のエントリタブが開きますの
で、それぞれのフィールドに新
しい用語を入力します。
ここでは[jp]に「**第一の説**」、[en]
に「**Theory of first**」と入力しま
した。

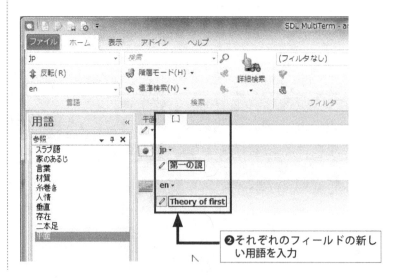

3 用語エントリを追加する

❸入力が終わったら任意の位置で
右クリック→[保存]をクリックし
て用語エントリを保存します。

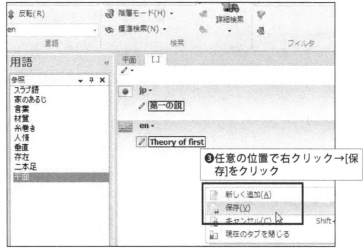

❹用語ベースに用語エントリが新
しく追加されました。

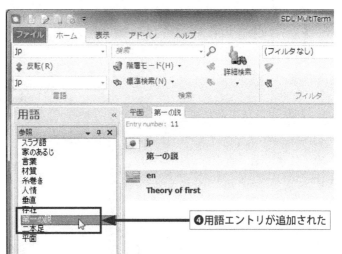

4 用語エントリを削除する

❶次は用語エントリを削除する方
法をご紹介します。今登録した
用語エントリを削除してみま
しょう。
用語エントリ一覧から削除する
用語エントリ（ここでは「**第一
の説**」）の上にカーソルを移動し
て**右クリック→[削除]**をクリック
します。

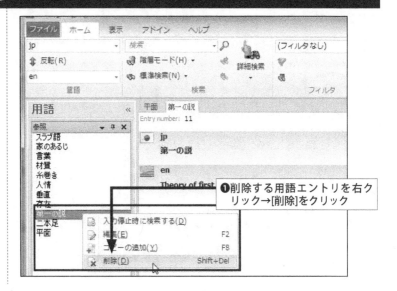

4 用語エントリを削除する

❷[このエントリを削除しますか?]
というアラートが出ますので[はい]をクリックします。
なお、一度削除した用語エントリは二度と復活できませんのでご注意ください。

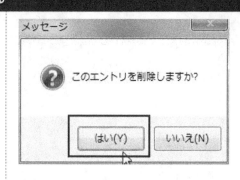

❸選択した用語エントリが削除されました。

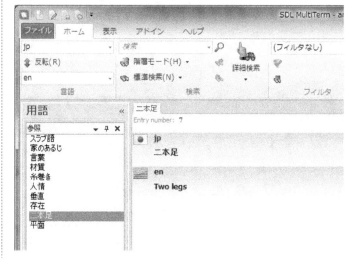

---

column

用語ベースの作成過程で生成されるファイル

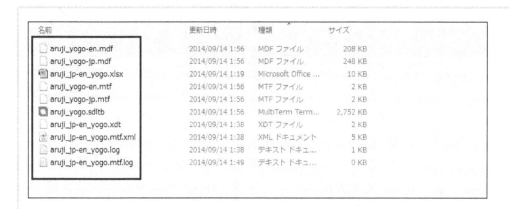

SDL MultiTerm 2014を使用して用語ベースを作成すると、さまざまなファイルが生成されます。
用語ベース本体は**拡張子が.sdltb**のファイルですが、Excelからコンバートする際に生成される用語エントリファイルや用語定義ファイル、ログファイルなど、無数のファイルが存在します。
これらのファイルは用語ベース本体（.sdltbファイル）を使用すると自動的に生成されるので、削除しても問題ありません。

SDL Trados Studio 2014

- プロジェクトを新規作成する
- [エディタ]ビューのフォントサイズを変える
- 分節をロックする
- 一括翻訳の設定を変更する
- 一括翻訳された分節をロックする
- 「訳語検索」で翻訳エントリを検索
- [エディタ]ビューから用語ベースに直接用語を登録する
- [プレビュー]機能を使う
- 翻訳メモリを操作する
- 翻訳ファイルを解析する
- PDFを翻訳対象ファイルとしてプロジェクトに登録する
- 「分節規則」を設定する
- 「分節規則」をテンプレート化する
- プロジェクトのパッケージを作成する
- プロジェクトを削除する

Chapter 04
実際の翻訳作業あれこれ

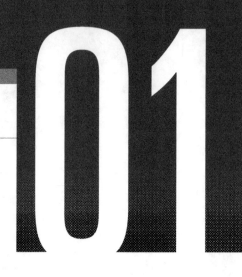

STEP 01

プロジェクトを新規作成する

前章まででプロジェクト作成に必要な翻訳メモリ（.sdltm）、用語ベース（.sdltb）が用意できましたので、いよいよ実際の翻訳作業に入るために「プロジェクト」を新規作成します。なお翻訳言語は原文言語を「日本語」、訳文言語を「アメリカ英語」とし、翻訳対象ファイルはWordファイル（.docx）とします。

1 「SDL Trados Studio 2014」を起動する

❶まずはプロジェクト作成用のファイルを確認します。

- 翻訳対象ファイル**「aruji_jp.docx」**（P.010で作成）
- 翻訳メモリ**「aruji_jp-en.sdltm」**（2章で作成）
- 用語ベース**「aruji_yogo.sdltb」**（3章で作成）

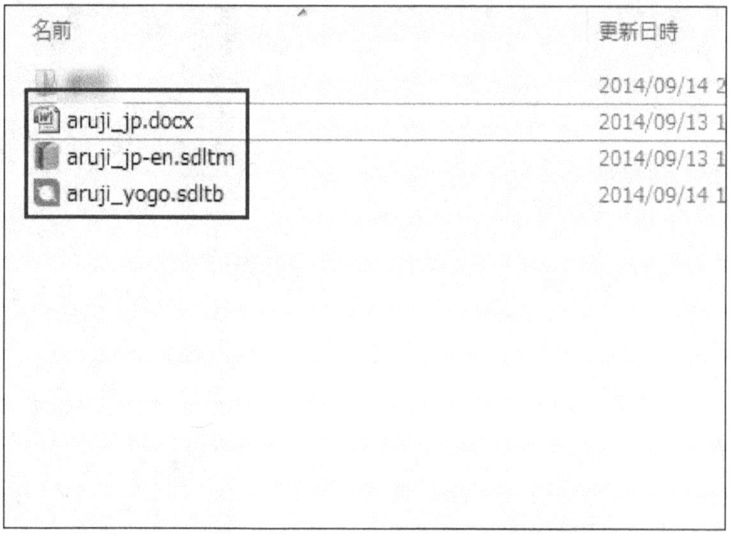

❷ファイルの確認ができましたので「**SDL Trados Studio 2014**」を起動しましょう。
[スタート]→[すべてのプログラム]→[SDL]→[SDL Trados Studio 2014]→ [SDL Trados Studio 2014]をクリックして起動します。

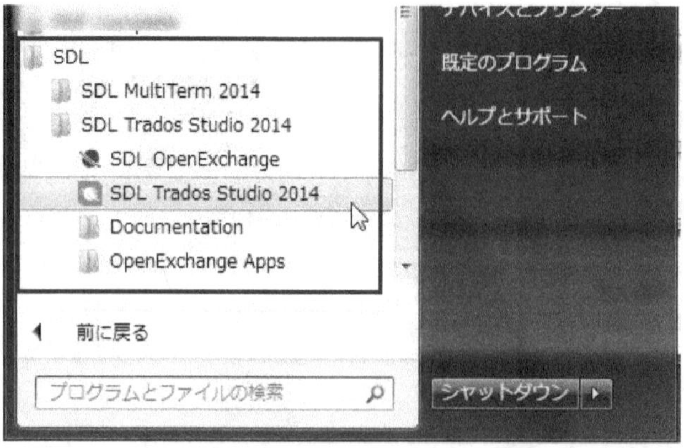

2 新規プロジェクト作成「訳文言語、翻訳言語を選択」

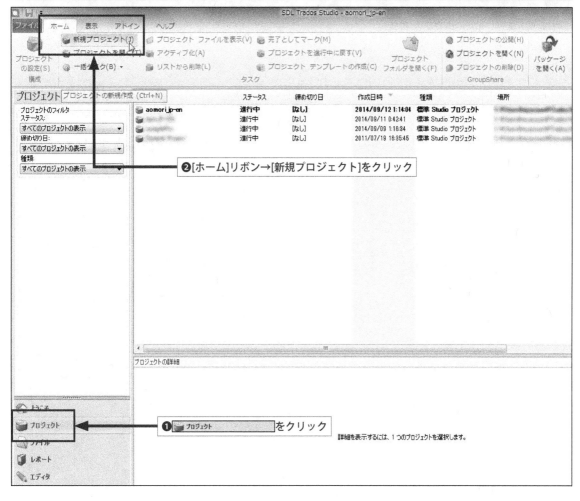

❶SDL Trados Studio 2014が起動したら左下のナビゲーションペイン [プロジェクト] をクリックします。
❷[ホーム]リボン→[新規プロジェクト]をクリックします。

❸[新しいプロジェクト]ウィザード
が起動しますので[次へ]をクリッ
クします。

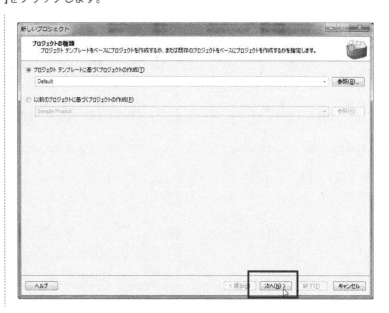

2　新規プロジェクト作成「訳文言語、翻訳言語を選択」

❹まずはプロジェクトの保存場所を選択します。[**場所**]欄の[**参照**]をクリックします。

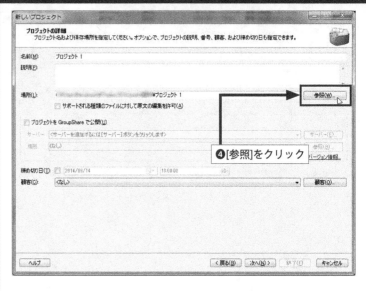

❺保存するフォルダを選択して、[**フォルダーの選択**]をクリックします。

❻[**名前**]欄にプロジェクト名を入力します。今回は「**aruji_en-jp**」と入力しました。

❼保存先フォルダの末尾に**プロジェクト名でフォルダが作成されます**。もし自動でフォルダが作成されない場合は自分で入力してください。今回は保存フォルダの末尾に「**¥aruji_en-jp**」と入力しました。
入力したら[**次へ**]をクリックして進みます。

2 新規プロジェクト作成「訳文言語、翻訳言語を選択」

❽[原文言語]を選択します。
今回はプルダウンメニューから
[Japanese (Japan)]を選択してい
ます。

❾続いて[訳文言語]を選択します。
訳文言語の一覧から該当言語を
選択して[追加]をクリックします。
今回は[English (United States)]
を選択しています。

2 新規プロジェクト作成「訳文言語、翻訳言語を選択」

⑩[原文言語]に[Japanese (Japan)]
が選択されました。
⑪[訳 文 言 語]に[English (United
States]が選択されました。
確認して問題なければ[次へ]をク
リックして進みます。

3 新規プロジェクト作成「翻訳対象ファイルを追加」

❶続いて翻訳対象ファイルをプロ
ジェクトに追加します。
[ファイルの追加]をクリックしま
す。

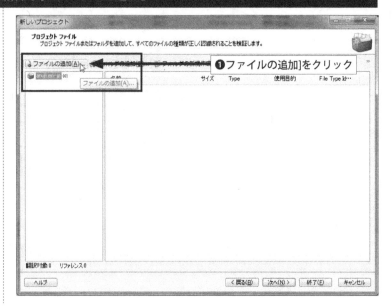

3 新規プロジェクト作成「翻訳対象ファイルを追加」

❷翻訳対象ファイルを選択して[開く]をクリックします。ここでは「aruji_jp.docx」を選択しています。なお、**翻訳対象ファイルを複数選択**することも、**翻訳対象ファイルが保存されたフォルダを選択**することも可能です。

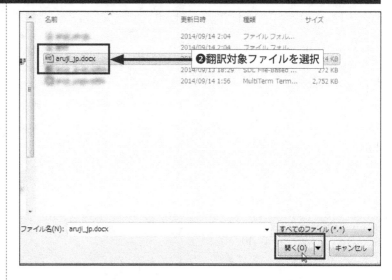

❸選択した翻訳対象ファイルが一覧に表示されていることを確認して[次へ]をクリックします。

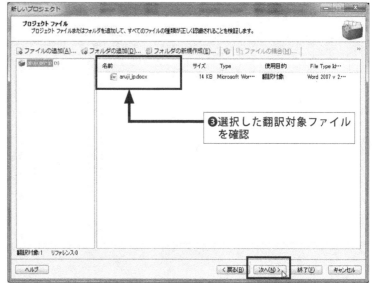

4 新規プロジェクト作成「翻訳メモリを追加」

❶次はプロジェクトに翻訳メモリ
を追加します。[翻訳メモリと自
動翻訳]欄の[追加]をクリックし
ます。

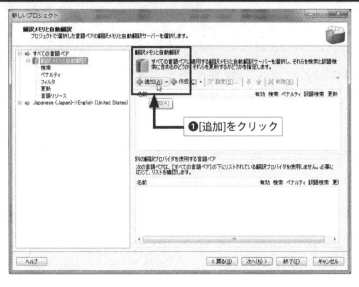

❷プルダウンメニューから[ファイ
ル共有タイプの翻訳メモリ]を選
択します。

❸追加する翻訳メモリを選択して
[開く]をクリックします。今回は
「aruji_jp-en.sdltm」を選択して
います。なお、複数の翻訳メモ
リを選択することも可能です。

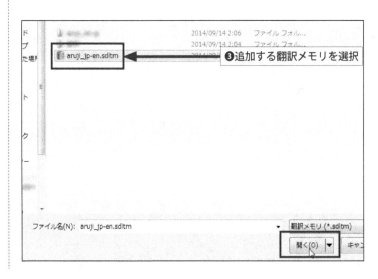

4　新規プロジェクト作成「翻訳メモリを追加」

❹選択した翻訳メモリが一覧表示
されていることを確認して**[次へ]**
をクリックします。

❹選択した翻訳メモリを確認

5　新規プロジェクト作成「用語ベースを追加」

❶プロジェクトに用語ベースを追
加します。**[用語ベース]**ウィンド
ウの真ん中付近にある**[追加]**をク
リックします。

❶[追加]をクリック

5　新規プロジェクト作成「用語ベースを追加」

❷[用語ベースの選択]ウィンドウが
表示されますので、右側の[参照]
をクリックします。

❸プロジェクトに追加する用語
ベースを選択して[開く]をクリッ
クします。今回は「aruji_yogo.
sdltb」を選択しています。

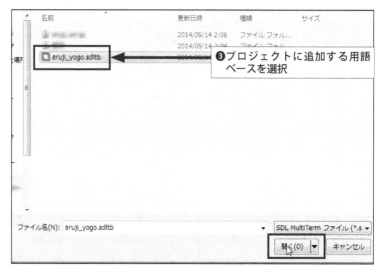

❹選択した用語ベースが[用語ベー
スの選択]ウィンドウに一覧表
示されます。ファイル名の左側
にチェック☑を入れて[OK]をク
リックします。

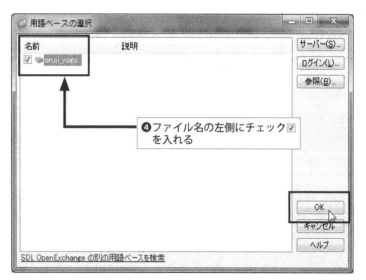

5　新規プロジェクト作成「用語ベースを追加」

❺右のアラートが出ますので、**[OK]**をクリックして閉じます。

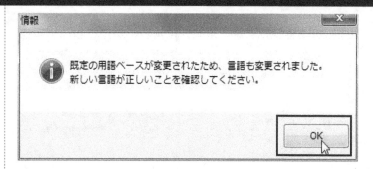

❻選択した用語ベースが一覧に表示されます。OKなら**[次へ]**をクリックして進みます。

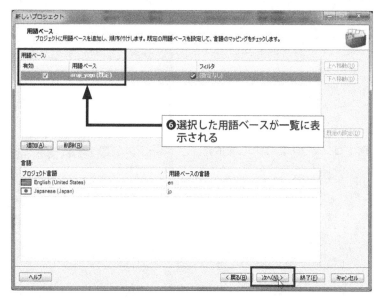

6　新規プロジェクト作成「プロジェクト作成を完了する」

❶**[SDL完全一致]**が表示されます。
もしも過去翻訳されたバイリンガルファイル（以前のバージョンの同名ファイルなど）があれば、画面左上の 追加(A) ▾ をクリックしてファイルを追加します。そうすることにより、過去の翻訳文を完全一致として今回の翻訳に抽出することができます。
今回は過去の翻訳文はないのでそのまま**[次へ]**をクリックして進みます。

■ 6 新規プロジェクト作成「プロジェクト作成を完了する」

❷[連続タスク]欄で[プロジェクト
用TMなしで準備]が選択されてい
ます。このままでOKですので[次
へ]をクリックします。
なお、[連続タスク]欄で[準備]を
選択すると、追加した翻訳メモ
リとは別に「プロジェクト用翻
訳メモリ」が新たに生成され、
[Tm]フォルダ内に保存されます。

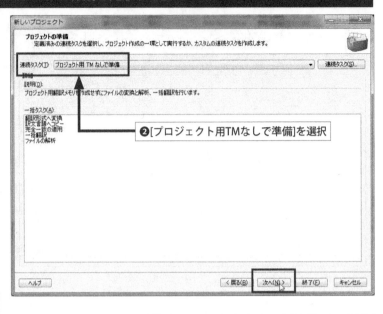

❸[プロジェクト用TMなしで準備]
で実行される[一括処理]の内容が
表示されます。確認して[次へ]を
クリックします。

6 新規プロジェクト作成「プロジェクト作成を完了する」

❹[プロジェクトの概要]ウィンドウ
です。内容を確認して[終了]をク
リックします。

❺[プロジェクトの準備]が実行され
ます。連続タスクの処理が順番
に実行されます。すべての項目
が[完了]したことを確認して[閉
じる]をクリックします。

❺処理が[完了]したことを確認

6 新規プロジェクト作成「プロジェクト作成を完了する」

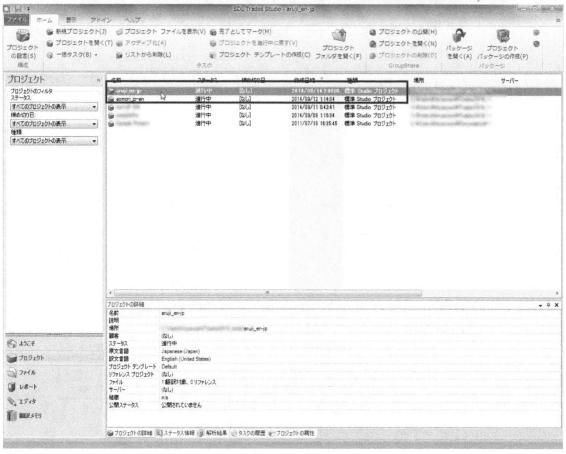

❻新規プロジェクト「**aruji_en-jp**」が作成されました。

作成されたプロジェクトはナビゲーションペイン ［プロジェクト］ ビューに一覧表示されますのでご確認ください。

7 [エディタ]ビューでの翻訳作業

❷該当ファイルをダブルクリック

❶ナビゲーションペイン ファイル をクリックして表示

❶では実際の翻訳作業に進みます。まずはナビゲーションペイン ファイル をクリックして表示します。
❷SDLXLIFF ファイル形式に変換後の翻訳対象ファイルが表示されます。該当ファイルを**ダブルクリック**します。

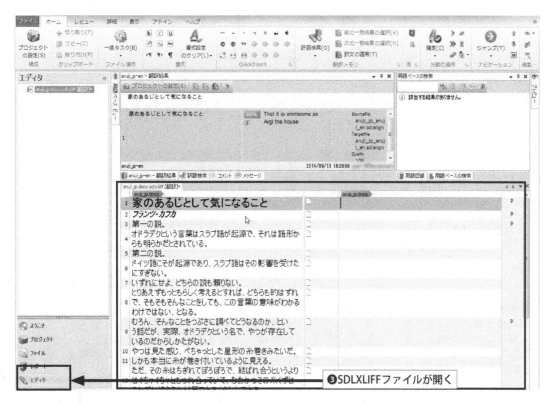

❸SDLXLIFFファイルが開く

❸ エディタ ビューでSDLXLIFFファイル（今回は「**aruji_jp.docx.sdlxliff**」）が開きます。

7 [エディタ]ビューでの翻訳作業

左側の**原文フィールド**を見ると、原文が分節ごとに区切られています。右側の**訳文フィールド**には対応する翻訳文を入力していきます。

❹[翻訳結果]エリアにカーソルを移動して、1つ目の**空欄の訳文フィールドをクリック**します。すると、マッチ率の最も高い翻訳エントリが自動的に挿入されます。

❺同時に**[翻訳認識]**エリアにもマッチ率の高い順に翻訳エントリの候補が表示されます。ここではマッチ率99%の候補が1文見つかりました。

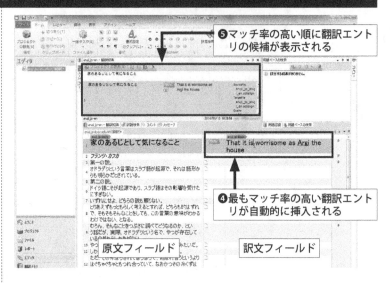

❺マッチ率の高い順に翻訳エントリの候補が表示される

❹最もマッチ率の高い翻訳エントリが自動的に挿入される

原文フィールド　訳文フィールド

❻この時点では、訳文フィールドに挿入された訳文はまだ確定されていない状態です。**[ホーム]**リボン→**[確定]**→**[確定して次の未確定分節へ移動]**をクリックします。

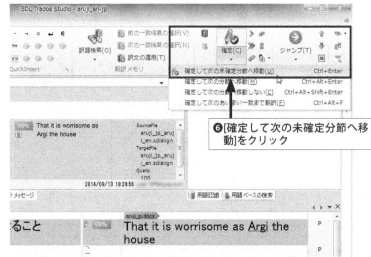

❻[確定して次の未確定分節へ移動]をクリック

❼[確定して次の未確定分節へ移動]をクリックすると、

❽分節の左側にあるアイコンが**未確定状態**から**確定**に変わり、入力された訳文分節が確定されます。と、同時に翻訳メモリ内にもこの翻訳エントリが登録されます。

エディタ ビューでの翻訳作業は、「未翻訳／未確定の分節へ移動」→「訳文フィールドに訳文を入力」→「確定」→「未翻訳／未確定の分節へ移動」主にこの繰り返しになります。

❼[確定して次の未確定分節へ移動]をクリックすると、

❽アイコンが確定に変わり、分節が確定する

■ 7　[エディタ]ビューでの翻訳作業

❾翻訳作業を進めていくうちに、**修正したい翻訳エントリ**が出てくることがあります。
今回はこの翻訳エントリを修正してみましょう。

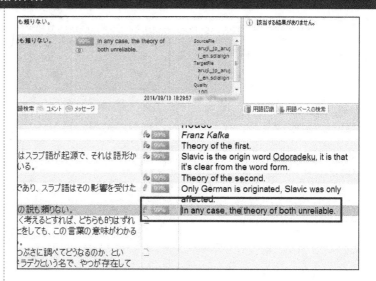

❿訳文フィールド上で翻訳エントリを修正します。
今回は「In any case, **the** theory of ～」を「In any case, **a** theory of ～」と、**「the」を「a」に変更**しました。
修正が終わったら訳文を**確定**しましょう。

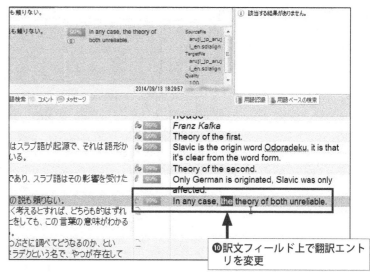

❿訳文フィールド上で翻訳エントリを変更

⓫訳文を確定したら、試しにいったんその訳文を削除してください。そして空白となった訳文フィールドを再度クリックしてみます。すると、今度は**100%マッチ（完全一致）**で翻訳エントリが挿入されます。

⓬**[翻訳認識]**エリアにも**100%マッチ（完全一致）**の翻訳エントリが表示されます。

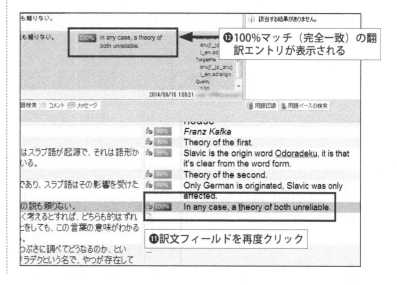

⓬100%マッチ（完全一致）の翻訳エントリが表示される

⓫訳文フィールドを再度クリック

8 用語ベースから用語エントリを挿入する

翻訳エントリ上で使われている用語が、用語ベースに登録された用語と異なっている場合、翻訳エントリを用語ベースの用語に修正しなくてはなりません。

ここでは**用語ベースから用語エントリを訳文フィールドに挿入する**方法を紹介します。

❶翻訳エントリの中に用語ベースに登録された用語が見つかると、**[用語認識]**エリアに見つかった用語とその訳文が一覧表示されます。

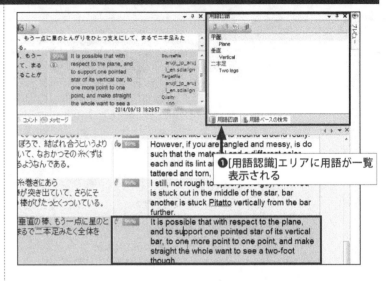

❶[用語認識]エリアに用語が一覧表示される

翻訳エントリを見ると、「**二本足**」という用語が「**two-foot**」と訳されています。ところが[**用語認識**]エリアを見ると、登録されている用語は「**Two legs**」となっています。この用語を正しく修正しなければなりません。

❷まずは訳文フィールド上の「**two-foot**」を選択します。

❸[**用語認識**]エリアにカーソルを移動し、該当の用語の上で**右クリック→[用語の翻訳の挿入]**をクリックします。

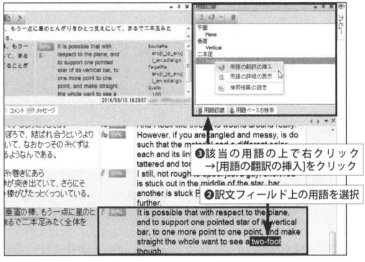

❸該当の用語の上で右クリック→[用語の翻訳の挿入]をクリック

❷訳文フィールド上の用語を選択

❹正しい用語「**Two legs**」が挿入されました。

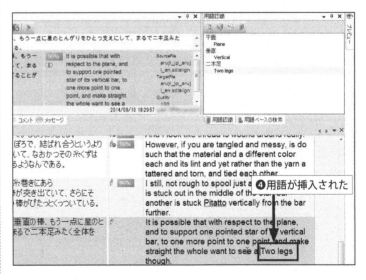

❹用語が挿入された

8　用語ベースから用語エントリを挿入する

❺単語の頭文字を小文字に変えて「**two legs**」として確定します。これで正しい用語が訳文フィールドに挿入されると同時に、翻訳メモリにも登録されました。

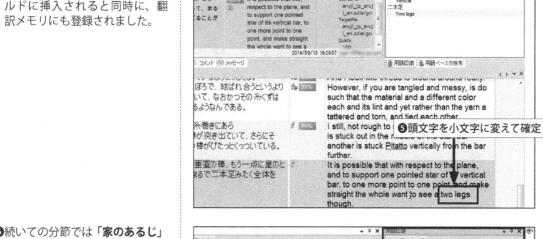

❺頭文字を小文字に変えて確定

❻続いての分節では「**家のあるじ**」という用語の翻訳が「**Argi the house**」となっています。

❼ところが用語ベースに登録されているのは「**The Argi the house**」です。当然、この用語も修正しなくてはなりません。

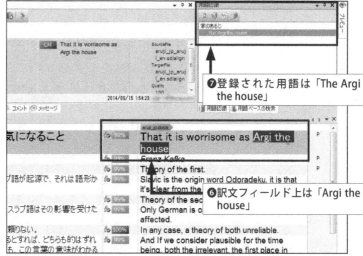

❼登録された用語は「The Argi the house」

❻訳文フィールド上は「Argi the house」

❽訳文フィールド上の「**Argi the house**」を選択します。

❾[**用語認識**]エリアにカーソルを移動し、「**The Argi the house**」の上で**右クリック**→[**用語の翻訳の挿入**]をクリックします。

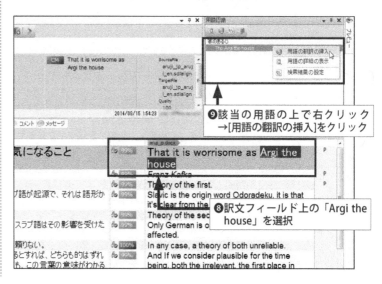

❾該当の用語の上で右クリック→[用語の翻訳の挿入]をクリック

❽訳文フィールド上の「Argi the house」を選択

8 用語ベースから用語エントリを挿入する

❿訳文フィールドに正しい用語
「**The Argi the house**」が挿入さ
れました。

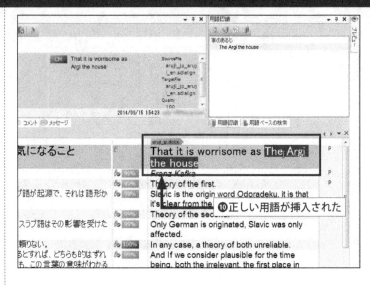

⓫訳文を確定🔒します。

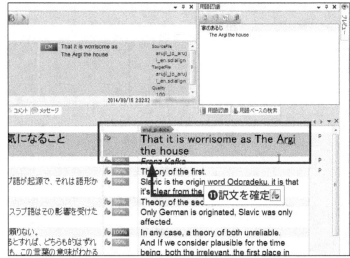

9 翻訳対象ファイルを「訳文のみで保存」する

❶訳文フィールドの入力が一通り
最後まで終わりました。ではこ
のファイルを元の形式に保存し
ましょう。

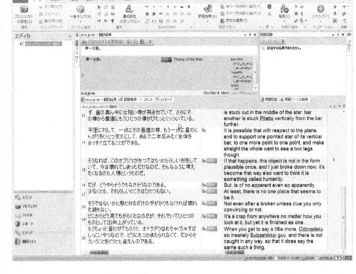

❷[ファイル]リボンをクリックしま
す。
❸[別名(訳文のみ)で保存]をクリッ
クします。

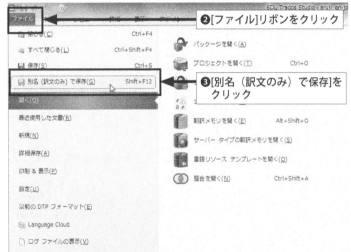

❸保存先フォルダを選択します。
なお、デフォルトのままですと
プロジェクトフォルダ内の[en-
US]フォルダに保存されます(こ
のフォルダ名は訳文言語を表す
フォルダ名なので、訳文言語が
変わるとフォルダ名も変わりま
す)。
❺ファイル名を入力、保存形式を
選択して[保存]をクリックしま
す。今回はファイル名「aruji_
jp」、ファイルの種類は[Microsoft
Word 2007-2013文書]を選択し
ました。

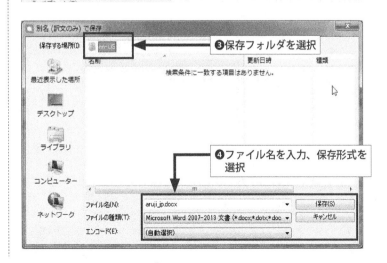

9 翻訳対象ファイルを「訳文のみで保存」する

❼訳文ファイル（「**aruji_jp.docx**」）が保存されました。

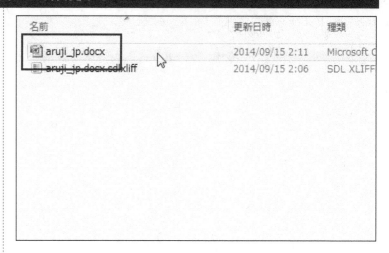

名前	更新日時	種類
aruji_jp.docx	2014/09/15 2:11	Microsoft (
aruji_jp.docx.sdlxliff	2014/09/15 2:06	SDL XLIFF

❽「**aruji_jp.docx**」を開いて確認してみます。英語版として保存されていることがわかります。

That it is worrisome as The Argi the house

FRANZ KAFKA

Theory of the first. Slavic is the origin word Odoradeku, it is that it's clear from the word form. Theory of the second. Only German is originated, Slavic was only affected. In any case, a theory of both unreliable. And If we consider plausible for the time being, both the irrelevant, the first place in doing that, it is the meaning of this word is, but not seen.

Of course, it's talking about how that, whether made by examining in detail such a thing, but there is no way in fact, under the name Odoradeku, guy because he is present. Guy's peg like a star-shaped saw feeling, was Pechatto. And I look like thread is wound around really. However, if you are tangled and messy, is do such that the material and a different color each and its lint and yet rather than the yarn a tattered

10　翻訳済みプロジェクトのステータスを「完了」とする

❶翻訳済みプロジェクトのステータスを「**完了**」に変更してみます。まずは開いている文書（「**aruji_jp-en**」）を閉じます。[**翻訳結果**]エリア右上にある⊠をクリックします。

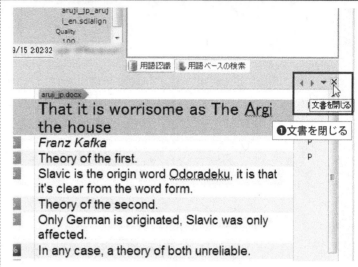

❶文書を閉じる

❷ナビゲーションペイン ファイル をクリックしてXLIFFファイルを表示します。[**ステータス**]が[**翻訳済み**]、[**進行状況**]が[**100%**]になっていることを確認します。

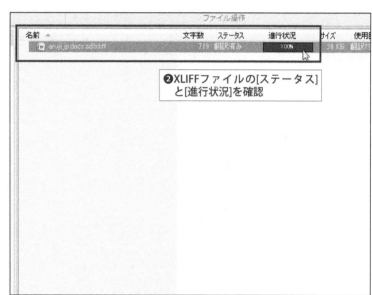

❷XLIFFファイルの[ステータス]と[進行状況]を確認

❷ナビゲーションペイン プロジェクト をクリックしてプロジェクト一覧を表示します。該当のプロジェクト「**aruji_en-jp**」の上にカーソルを移動して**右クリック**→[**完了としてマーク**]をクリックします。

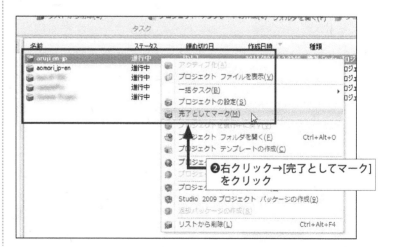

❷右クリック→[完了としてマーク]をクリック

10　翻訳済みプロジェクトのステータスを「完了」とする

❸右のアラートが出ますので**[はい]**をクリックします。

❹翻訳プロジェクト「**aruji_en-jp**」の**[ステータス]**が**[完了]**に変わりました。

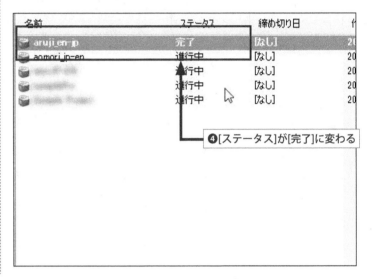

❹[ステータス]が[完了]に変わる

STEP

[エディタ]ビューの
フォントサイズを変える

翻訳作業を行う[エディタ]ビューですが、もしかしたらデフォルト設定のままだと文字が小さくて不便だと感じるかも知れません。ここでは[エディタ]ビューのフォントサイズを変更する手順をご紹介します。

1 [エディタ]ビューのフォントサイズを変更する

❶デフォルト設定のまま[エディタ]ビューを表示した状態です。
このままだと、もしかしたら文字が小さいと感じるかも知れません。このフォントサイズのプレビューを変えてみましょう。

❷[ファイル]リボン→[オプション]をクリックします。

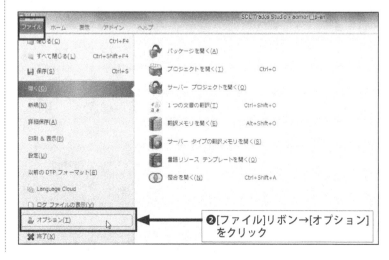

❷[ファイル]リボン→[オプション]をクリック

1 [エディタ]ビューのフォントサイズを変更する

❸ツリーメニュー[エディタ]をクリックして展開し、[フォントの調整]をクリックします。

❹[フォントの調整]が表示されます。デフォルト設定だと原文、訳文ともに最小フォントサイズが「8」、最大フォントサイズが「12」となっています。

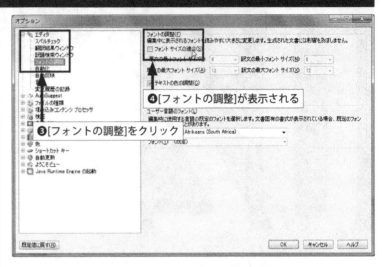

❺[フォントサイズの適合]にチェック☑を入れ、各フォントサイズの設定を変更します。ここでは原文、訳文ともに最小フォントサイズを「14」、最大フォントサイズを「20」としました。

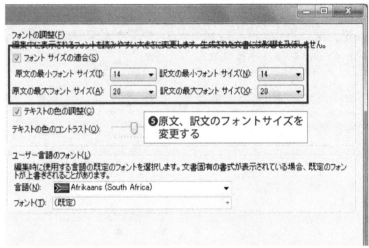

❻ エディタ ビューに戻ると、フォントサイズのプレビューが大きくなっていることがわかります。

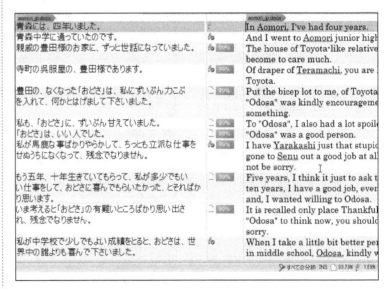

03

STEP

分節をロックする

[エディタ]ビューでの翻訳作業を行う際、翻訳済みの分節
や100%マッチ（完全一致）で入力された分節など、変更
する必要のない分節があります。これらの分節を誤って変
更してしまわないように「分節のロック」という機能を使
用します。

1 分節をロックする

❶**[分節のロック]**の手順は簡単です。
ロックしたい分節を選択（**Shift
キー**を押しながら複数の分節を
選択することも可能です）して、
右クリック→[分節のロック]をク
リックします。

1 分節をロックする

❷選択した分節が半調表示に変わり、分節がロックされました。

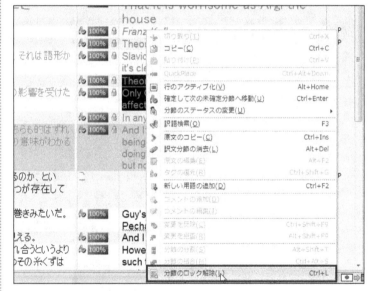

❸分節のロックを解除する場合は、ロックを解除したい分節を選択（複数の分節を選択する場合は**Shiftキー**を押しながらクリック）して**右クリック→[分節のロック解除]**をクリックします。

❹選択した分節のロックが解除されました。

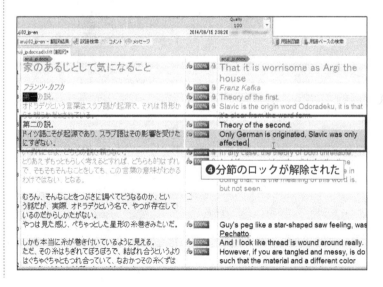

❹分節のロックが解除された

04

一括翻訳の設定を変更する

プロジェクト作成時などに実行される「一括翻訳」では、
100%マッチ（完全一致）やコンテキスト一致で見つかっ
た翻訳単位が分節に自動的に挿入、確定されます。
この設定を変更することで、「一括翻訳」時の自動翻訳の
精度をさらに細かく指定することが可能になります。

1 「一括翻訳」時の自動翻訳の設定を変更する

P.064で作成したプロジェクト
「**aruji_en-jp**」では、翻訳エントリ
がマッチ率99%で挿入されていま
した。これは整合結果が**コンテキ
スト一致（原文フィールドの分節
と翻訳メモリの分節が完全に一致
して、なおかつ文書のコンテキス
ト=一つ前の分節も一致している状
態）**ではないため-1のペナルティ
が加算されていることが原因です。
この設定を変更してみましょう。

❶**[ファイル]リボン→[オプショ
ン]をクリックして、ツリーメ
ニュー[言語ペア]→[すべての言
語ペア]→[翻訳メモリと自動翻
訳]→[ペナルティ]を選択します。**
[**ペナルティ**]欄を見ると、[**整合
ペナルティ**]が1になっています。

❷この[**整合ペナルティ**]の値を0に
変更します。

オプション

エディタ
AutoSuggest
ファイルの種類
埋め込みコンテンツ プロセッサ
検証
言語ペア
　すべての言語ペア
　　翻訳メモリと自動翻訳
　　　検索
　　　ペナルティ
　　　フィルタ
　　　更新
　　　言語リソース
　　用語ベース
　　一括処理
既定の連続タスク
翻訳メモリ ビュー
色
ショートカット キー
自動更新
ようこそビュー
Java Runtime Engine の起動

ペナルティ(P)

書式の欠落によるペナルティ(M): 1
異なる書式によるペナルティ(D): 1
複数の訳文によるペナルティ(T): 1
自動ローカリゼーションによるペナルティ(A): 0
テキスト置換によるペナルティ(R): 0
整合ペナルティ(N): 1

❶[整合ペナルティ]が1になって
いる

オプション

エディタ
AutoSuggest
ファイルの種類
埋め込みコンテンツ プロセッサ
検証
言語ペア
　すべての言語ペア
　　翻訳メモリと自動翻訳
　　　検索
　　　ペナルティ
　　　フィルタ
　　　更新
　　　言語リソース
　　用語ベース
　　一括処理
既定の連続タスク
翻訳メモリ ビュー
色
ショートカット キー
自動更新
ようこそビュー

ペナルティ(P)

書式の欠落によるペナルティ(M): 1
異なる書式によるペナルティ(D): 1
複数の訳文によるペナルティ(T): 1
自動ローカリゼーションによるペナルティ(A): 0
テキスト置換によるペナルティ(R): 0
整合ペナルティ(N): 0

❷[整合ペナルティ]の値を0に変更

1 「一括翻訳」時の自動翻訳の設定を変更する

❸整合ペナルティの値を変更した
状態で、P.064で作成した「**aruji_
en-jp**」と同じ翻訳メモリ、同じ
用語ベースを使用して新規翻訳
プロジェクト「**aruji02_jp-en**」
を作成しました。

❹ ファイル ビューを表
示してXLIFFファイルを確認しま
す。今回は[**進行状況**]が91%と表
示されています。これは、**91%
の分節が一括翻訳によって自動
的に確定された**ことを意味しま
す。

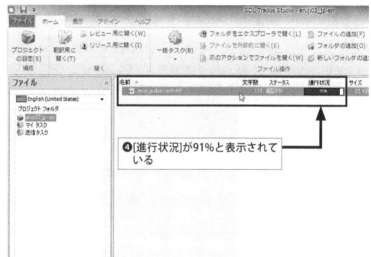

❹[進行状況]が91%と表示されて
いる

❺XLIFFファイルをダブルクリック
して エディタ ビュー
で開いて確認します。
多くの分節が 100% （完全一致）
で確定されていることがわかり
ます。

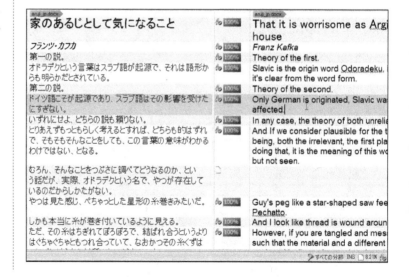

1 「一括翻訳」時の自動翻訳の設定を変更する

❻とりあえず[整合ペナルティ]の値を戻しておきます。
[ファイル]リボン→[オプション]→ツリーメニュー [言語ペア]→[すべての言語ペア]→[翻訳メモリと自動翻訳]→[ペナルティ]を選択して[整合ペナルティ]の値を1に戻しました。

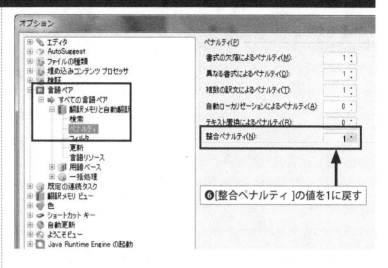

❻[整合ペナルティ]の値を1に戻す

❼続いてツリーメニュー [言語ペア]→[すべての言語ペア]→[一括処理]→[一括翻訳]をクリックして選択します。
[一括翻訳の設定]欄の[一致制度最小値]の値を99にします。
これでマッチ率が99%の際にも翻訳フィールドに翻訳エントリが挿入されます。

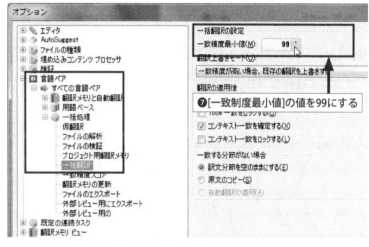

❼[一致制度最小値]の値を99にする

❽この設定を保存した状態でP.064で作成した「aruji_en-jp」と同じ翻訳メモリ、同じ用語ベースを使用して新規翻訳プロジェクト「aruji03_jp-en」を作成しました。

1 「一括翻訳」時の自動翻訳の設定を変更する

❾ ［ファイル］ビューを表示すると、今回は[進捗状況]が0%と表示されています。

❾[進捗状況]が0%

❿ ［エディタ］ビューでXLIFFファイルを開いてみると、**マッチ率が99%の未確定状態**で翻訳単位が挿入されていることがわかります。

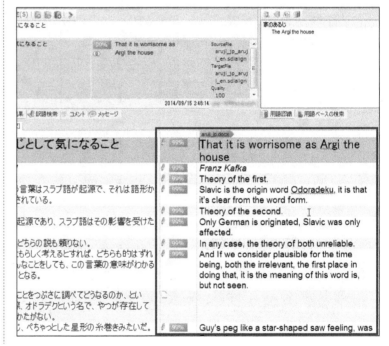

STEP

一括翻訳された分節をロックする

一括翻訳の精度を変更する手順を見てきましたが、「一括翻訳での確定と同時に分節をロック」することも可能です。ここでは一括翻訳で確定された分節を同時にロックする手順をご紹介します。

1 一括翻訳で「確定と同時に分節をロックする」

❶まずは例によって100%一致（完全一致）でも分節が確定されるように[整合ペナルティ]の値を変更します。
[ファイル]リボン→[オプション]をクリックします。

❶[ファイル]リボン→[オプション]をクリック

❷ツリーメニュー[言語ペア]→[すべての言語ペア]→[翻訳メモリと自動翻訳]→[ペナルティ]をクリックして表示します。
❸[整合ペナルティ]の値を「0」に変更します。

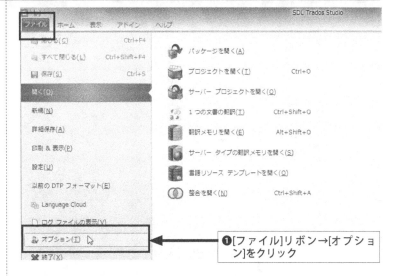

❷[ペナルティ]をクリックして表示

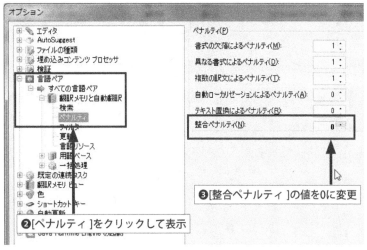

❸[整合ペナルティ]の値を0に変更

1　一括翻訳で「確定と同時に分節をロックする」

❹次に[言語ペア]→[すべての言語ペア]→[一括処理]と展開して[一括翻訳]をクリックして選択します。

❺[翻訳の適用語]欄にあるすべての項目にチェックを入れます。

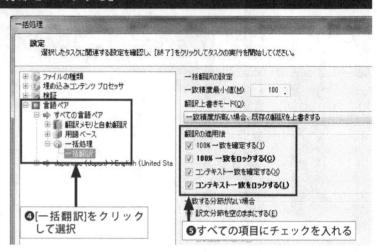

❻そしてP.064で作成した「aruji_en-jp」と同じ翻訳メモリ、同じ用語ベースを使用して、新規翻訳プロジェクト「aruji04_jp-en」を作成しました。

■ 1　一括翻訳で「確定と同時に分節をロックする」

❼ ［ファイル］ ビューを表示してXLIFFファイルを確認します。［整合ペナルティ］の値を変更しましたので、［進行状況］が91%となっています。

❽ XLIFFファイルをダブルクリックして ［エディタ］ ビューで開きます。

100%一致（完全一致）で確定された分節がロックされて半調表示されているのがわかります。

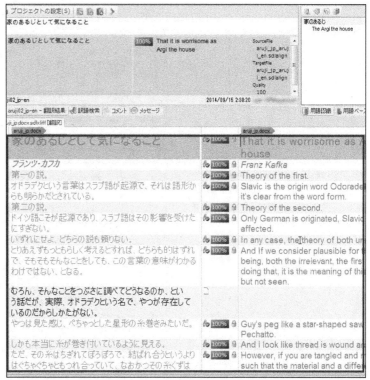

「訳語検索」で翻訳エントリを検索

翻訳メモリに登録された翻訳エントリを検索できる「訳語検索」という機能をご紹介します。
この機能を使うと、翻訳作業中に別の候補を探したい、同じ単語が使われている翻訳エントリを探したいなどといった状況にすばやく対応することが可能になります。

1 翻訳メモリをすばやく「訳語検索」する

❶ エディタ ビューでの作業中に、検索したい語句を選択して**右クリック→[訳語検索]**をクリックします。

❷ 今回は「**And**」という単語での検索を実行しました。

❸ [訳語検索]ウィンドウが表示され、検索結果が一覧表示されます。その際、検索した語句が強調表示されます。

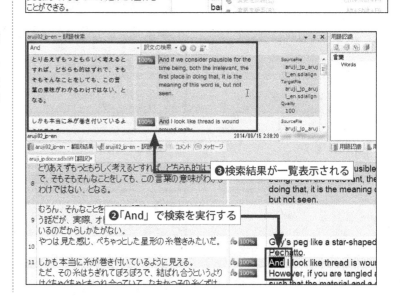

1　翻訳メモリをすばやく「訳語検索」する

❹次は「**humanity**」という単語で
　訳語検索してみます。

❺「**humanity**」を含む翻訳エント
　リが1文見つかりました。

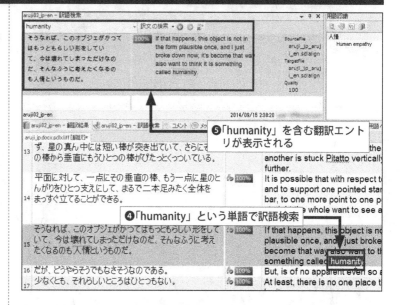

❺「humanity」を含む翻訳エント
　リが表示される

❹「humanity」という単語で訳語検索

❻同様に「**look**」という単語で訳
　語検索してみます。

❼「**look**」を含む翻訳エントリが1
　文見つかりました。

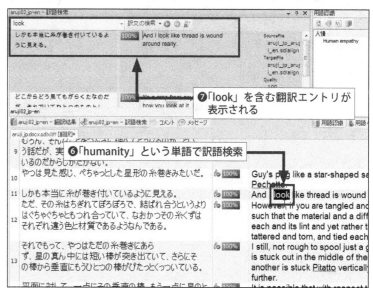

❼「look」を含む翻訳エントリが
　表示される

❻「humanity」という単語で訳語検索

STEP

[エディタ]ビューから用語ベースに 直接用語を登録する

[エディタ]ビューでの作業中に、新たに登録したい用語が
出てきた際に、いちいちMultiTermを起動していたのでは
効率がよくありません。ここでは[エディタ]ビューから直
接用語ベースを編集する手順をご紹介します。

---

1 [エディタ]ビューから直接用語ベースに用語を登録する

ではまず、 [エディタ]
ビューでの作業中に、直接用語ベー
スに用語を登録する手順を紹介し
ます。
❶[原文フィールド]上の用語（ここ
では「棒」）を選択します。
❷そのまま[訳文フィールド]上で該
当する用語（ここでは「bar」）
を選択します。

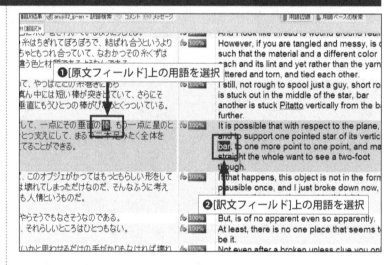

❸両方のフィールドの用語を選択
したまま右クリック→[新しい用
語の追加]をクリックします。

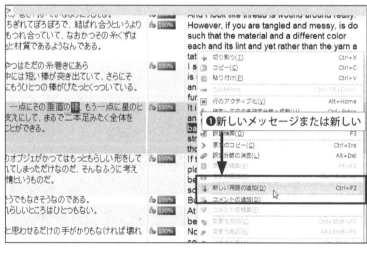

1 ［エディタ］ビューから直接用語ベースに用語を登録する

❹[**用語ベースビュー**]が開き、選択した用語が表示されます。

❺この時点ではまだ選択した用語は用語ベースに登録されていません。登録を確定するには[**このエントリを保存**📥]をクリックして用語エントリを保存します。

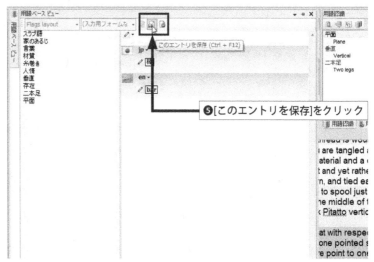

❻用語エントリが保存されました。

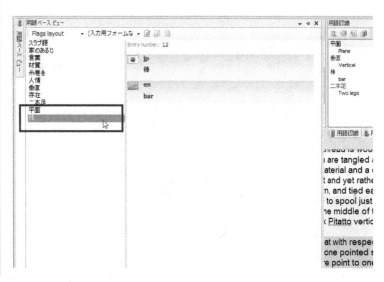

2 保存した用語エントリを編集する

❶次は保存した用語エントリを編集する方法です。

まずは新たに用語エントリを保存します。ここでは**原文「オドラデク」**、**訳文「Odoradeku」**を選択して**[新しい用語の追加]**を実行しました。

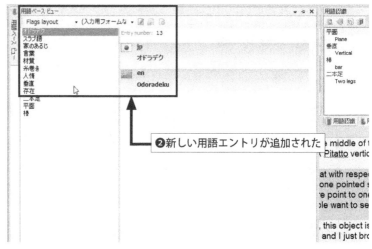

❷新しい用語エントリ、**原文「オドラデク」**、**訳文「Odoradeku」**が追加されました。

❷新しい用語エントリが追加された

❸新しく保存した用語エントリを選択して**[このエントリを編集▣]**をクリックします。

❸[このエントリを編集▣]をクリック

2 保存した用語エントリを編集する

❹用語エントリが編集モードで開きますので、修正する用語の上にカーソルを移動して**ダブルクリック**します。

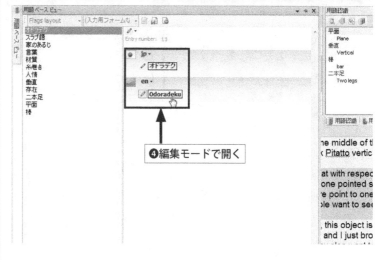

❹編集モードで開く

❺エントリフィールドが入力可能な状態になりますので、正しい用語を入力します。今回は「**O**doradeku」→「**o**doradeku」と大文字を小文字に変更しました。

❺正しい用語を入力

❻[**このエントリを保存**🖫]をクリックして変更を保存します。

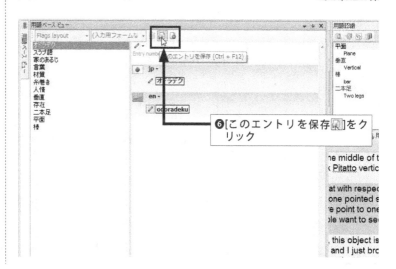

❻[このエントリを保存🖫]をクリック

2 保存した用語エントリを編集する

❼用語エントリの変更が保存され
ました。

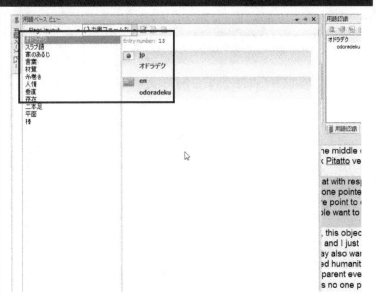

08

[プレビュー]機能を使う

翻訳作業中に「原文ファイルを確認したい」「作業が終わったところまでの完成イメージを見たい」という状況があるかも知れません。その場合は、[プレビュー]機能を使用して、元のファイルもしくは完成イメージをプレビューすることができます。なお、現状プレビュー機能に対応しているのはWord、PowerPoint、HTML、XML形式になります。

1　[プレビュー]を使用して元ファイルと完成イメージを確認する

❶[プレビュー]機能を使用するには、[エディタ]ビューでの翻訳作業中に、画面右側にある[プレビュー]をクリックします。

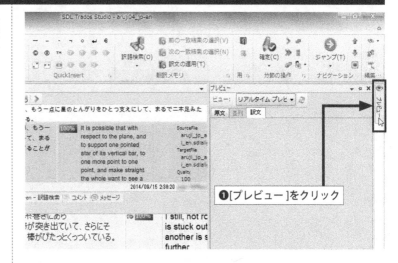

❷[プレビュー]が表示されます。[訳文]タブをクリックすると現状の訳文分節でのイメージがプレビューされます。翻訳が完了した際のイメージを確認することができます。
なお、未確定の分節は灰色で強調表示されます。

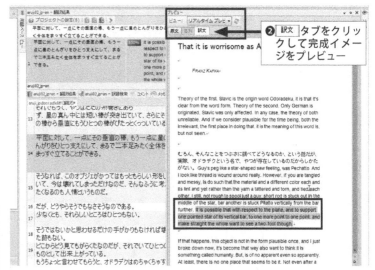

1 ［プレビュー］を使用して元ファイルと完成イメージを確認する

❸ 原文 タブをクリックすると、
元ファイルのイメージをプレ
ビューすることができます。

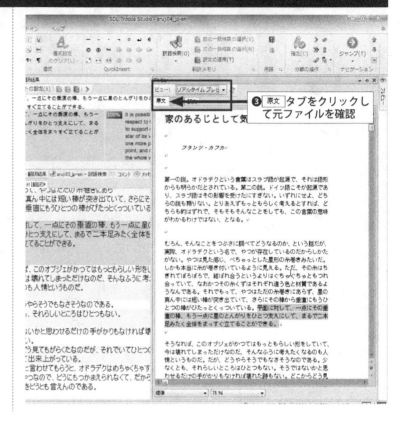

❸ 原文 タブをクリックし
て元ファイルを確認

2　[プレビュー]画面を操作する

❶では[プレビュー]の操作方法を
具体的に見ていきます。
まずは空欄の[訳文フィールド]を
クリックします。

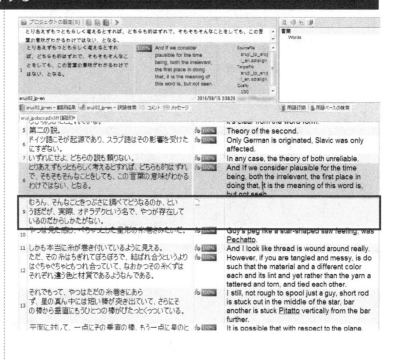

❷マッチ率99%の翻訳エントリが
挿入されました。ひとまず確定
はしないでおきます。

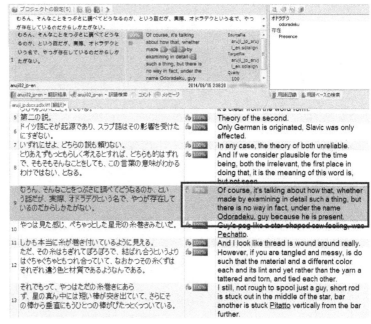

2 ［プレビュー］画面を操作する

❸画面右側にある[プレビュー]を
クリックして[プレビュー]を表
示しし、リアルタイムプレビ ▼ 🔲 をクリッ
クしてプレビューを更新します。

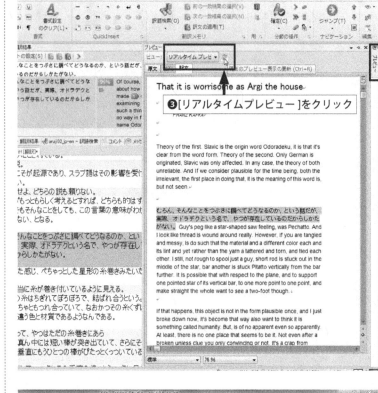

❹原文のままだった分節がマッチ
率99%で挿入された分節に変わ
りました。未確定のままですの
で灰色で強調表示されています。

■ 2 ［プレビュー］画面を操作する

❺表示イメージをMicrosoft Word
のように切り替えることも可能
です。
左下のプルダウンメニューをク
リックして**[印刷レイアウト]**を選
択します。

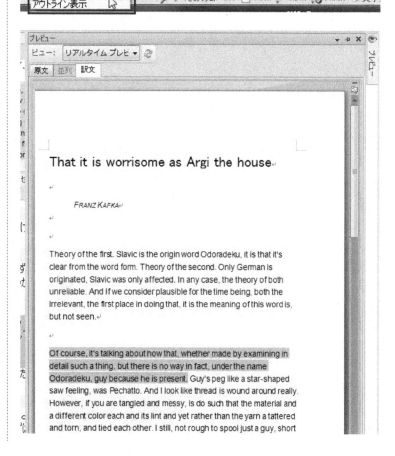

unreliable. And If we consider plausible for the time being, both the
irrelevant, the first place in doing that, it is the meaning of this word is,
but not seen.↵

↵

Of course, it's talking about how that, whether made by examining in
detail such a thing, but there is no way in fact, under the name
Odoradeku, guy because he is present. Guy's peg like a star-shaped
saw feeling, was Pechatto. And I look like thread is wound around
really. However, if you are tangled and messy, is do such that the
material and a different color each and its lint and yet rather than the
yarn a tattered and torn, and tied each other. I still, not rough to spool
just a guy, short rod is stuck out in the middle of the star, bar another
is stuck Pitatto vertically from the bar further. It is possible that with
respect to the plane, and to support one pointed star of its vertical bar,
to one more point to one point, and make straight the whole want to
see a two-foot though.↓

↵

❺[印刷レイアウト]を選択　not in the form plausible once, and I just
broke down now, it's become that way also want to think it is
something called humanity. But, is of no apparent even so apparently.
At least, there is no one place that seems to be it. Not even after a

標準　　　　　75 %
標準
印刷レイアウト表示
アウトライン表示　　　すべての分節　INS　0.00%　8.21%　91.79%　文字

❻プレビューが印刷イメージに変
わりました。

プレビュー

ビュー：リアルタイム プレビ

原文　並列　**訳文**

That it is worrisome as Argi the house↵

↵

FRANZ KAFKA↵

↵

↵

Theory of the first. Slavic is the origin word Odoradeku, it is that it's
clear from the word form. Theory of the second. Only German is
originated, Slavic was only affected. In any case, the theory of both
unreliable. And If we consider plausible for the time being, both the
irrelevant, the first place in doing that, it is the meaning of this word is,
but not seen.↵

↵

Of course, it's talking about how that, whether made by examining in
detail such a thing, but there is no way in fact, under the name
Odoradeku, guy because he is present. Guy's peg like a star-shaped
saw feeling, was Pechatto. And I look like thread is wound around really.
However, if you are tangled and messy, is do such that the material and
a different color each and its lint and yet rather than the yarn a tattered
and torn, and tied each other. I still, not rough to spool just a guy, short

2　[プレビュー]画面を操作する

❼今度は[アウトライン表示]を選択
　した状態です。

❽表示が小さければ表示倍率を変
　更することも可能です。
　プルダウンメニューから表示倍
　率を選択して見やすい大きさに
　変更します。

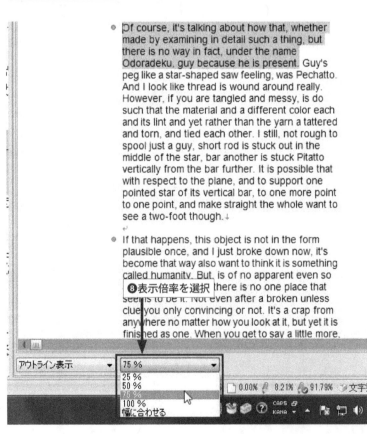

place in doing that, it is the meaning of this word is, but not seen.↵

Of course, it's talking about how that, whether made by examining in detail such a thing, but there is no way in fact, under the name Odoradeku, guy because he is present. Guy's peg like a star-shaped saw feeling, was Pechatto. And I look like thread is wound around really. However, if you are tangled and messy, is do such that the material and a different color each and its lint and yet rather than the yarn a tattered and torn, and tied each other. I still, not rough to spool just a guy, short rod is stuck out in the middle of the star, bar another is stuck Pitatto vertically from the bar further. It is possible that with respect to the plane, and to support one pointed star of its vertical bar, to one more point to one point, and make straight the whole want to see a two-foot though.↵

If that happens, this object is not in the form plausible once, and I just broke down now, it's become that way also want to think it is something called humanity. But, is of no apparent even so

❼[アウトライン表示]を選択

At least, there is no one place that seems to be it. Not even after a broken unless clue you only convincing or not. It's a crap from anywhere no matter how you look at it, but yet it is finished as one. When you get to say a little more.

アウトライン表示　　　　75 %

Of course, it's talking about how that, whether made by examining in detail such a thing, but there is no way in fact, under the name Odoradeku, guy because he is present. Guy's peg like a star-shaped saw feeling, was Pechatto. And I look like thread is wound around really. However, if you are tangled and messy, is do such that the material and a different color each and its lint and yet rather than the yarn a tattered and torn, and tied each other. I still, not rough to spool just a guy, short rod is stuck out in the middle of the star, bar another is stuck Pitatto vertically from the bar further. It is possible that with respect to the plane, and to support one pointed star of its vertical bar, to one more point to one point, and make straight the whole want to see a two-foot though.↓

If that happens, this object is not in the form plausible once, and I just broke down now, it's become that way also want to think it is something called humanity. But, is of no apparent even so

❽表示倍率を選択 there is no one place that seems to be it. Not even after a broken unless clue you only convincing or not. It's a crap from anywhere no matter how you look at it, but yet it is finished as one. When you get to say a little more.

アウトライン表示　　　　75 %

25 %
50 %
75 %
100 %
幅に合わせる

0.00%　8.21%　91.79%　文字

S T E P

翻訳メモリを操作する

ここでは翻訳メモリ（.sdltmファイル）を操作する方法を
ご紹介します。翻訳メモリには、登録された翻訳エント
リを編集したり、条件を指定して翻訳エントリを検索す
るなどの機能があります。また、検索条件を「フィルタ」
として登録し、別のメモリに流用することも可能です。

1 登録された翻訳エントリを編集する

❶まずは登録された翻訳エントリ
を編集する方法をご紹介しま
す。 編訳メモリ ビューを表示し
て翻訳メモリを開きます。今回
は2章で作成した「**aruji_jp-en.
sdltm**」を開いています。

❷翻訳エントリを編集します。
原文「**フランツ・カフカ**」、訳文
「**Franz Kafka**」という翻訳エン
トリがありますので、これを変
更してみます。

1 登録された翻訳エントリを編集する

❸訳文の「Franz Kafka」→「Franz Cafca」と「K」を「C」に変更しました。

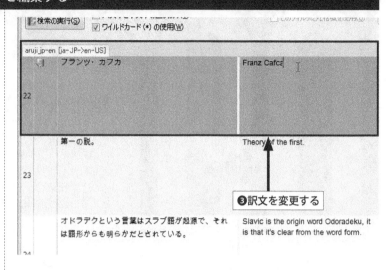

❹[ホーム]リボン→[変更の確定]をクリックします。

❺右のアラートが出ますので[はい]をクリックします。

1　登録された翻訳エントリを編集する

❻翻訳エントリの変更が保存され
ました。

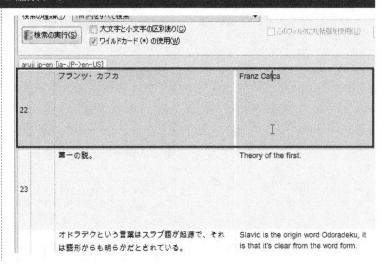

2　翻訳エントリを削除する

❶では次に翻訳エントリを削除し
てみます。先ほどの**原文「フラ
ンツ・カフカ」、訳文「Franz
Cafka」**という翻訳エントリを選
択して**右クリック→[削除する翻
訳単位のマーク]**をクリックしま
す。

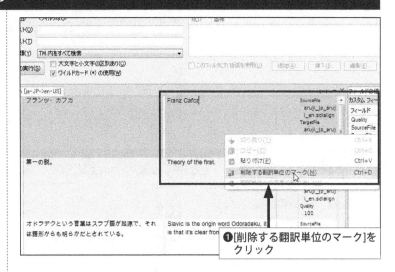

❷**[ホーム]リボン→[変更の確定]**を
クリックします。

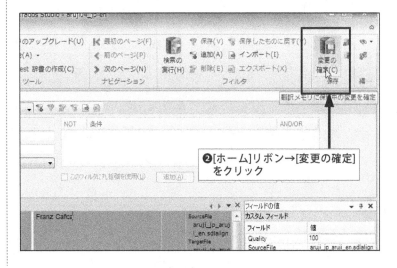

2 翻訳エントリを削除する

❸右のアラートが出ますので**[はい]**
をクリックします。

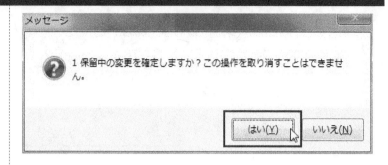

❹選択した翻訳エントリが削除さ
れました。

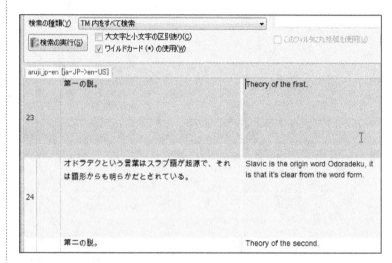

3 翻訳エントリを検索する

❶続いて翻訳エントリを検索する
方法です。**[検索の詳細]**ウィンド
ウを使用して翻訳メモリ内を検
索することができます。

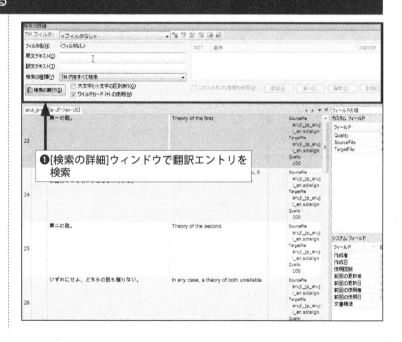

■ 3　翻訳エントリを検索する

❷検索条件を入力します。ここでは[**訳文テキスト**]欄に「**If**」と入力します。

❸ 検索の実行(S) をクリックします。

❹「訳文に『**If**』を含む翻訳エントリ」が一覧表示されます。

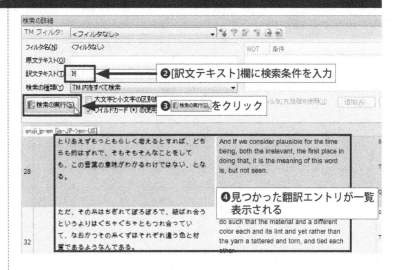

■ 4　検索条件を「フィルタ」として登録する

❶指定した検索条件は「**フィルタ**」として登録することができます。まずは[**フィルタの追加**]をクリックします。

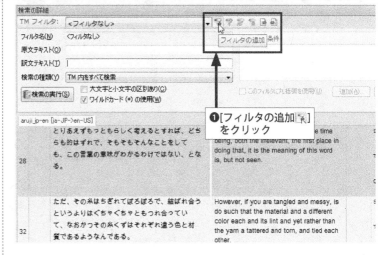

❷[**フィルタ名**]欄にフィルタの名前を入力します。ここでは「**aruji**」と入力しました。

4　検索条件を「フィルタ」として登録する

❸では条件を追加していきます。ウィンドウ右側にある**[追加]**をクリックします。

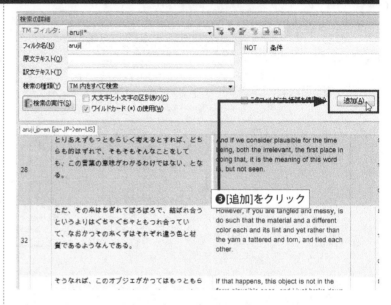

❸[追加]をクリック

❹**[条件の追加]**ウィンドウが表示されます。

❺まずは**[フィールド]**欄をプルダウンして**[使用回数]**を選択します。

❺プルダウンから[使用回数]を選択

4 検索条件を「フィルタ」として登録する

❻次に**[演算子]**欄をプルダウンして
[が次の値以上]を選択します。

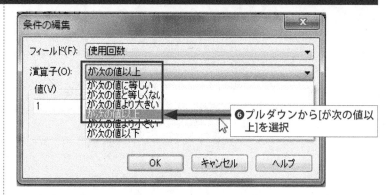

❻プルダウンから[が次の値以上]を選択

❼最後に**[値]**欄に「1」と入力して
[OK]をクリックします。
これで「**使用回数が1回以上の翻訳エントリ**」という検索条件が
できました。

❼[値]欄に「1」と入力

❽**[検索の詳細]**ウィンドウに戻ります。右側の**[条件]**欄に作成した条件が表示されています。
この条件を確認して 検索の実行(S) をクリックすると、該当する翻訳エントリが一覧表示されます。

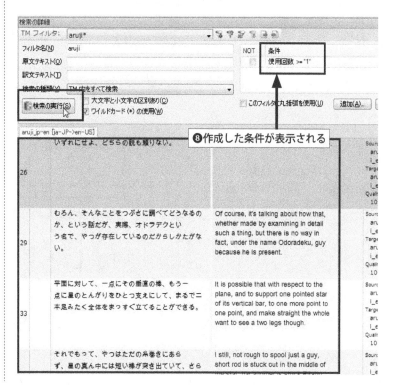

❽作成した条件が表示される

5 「フィルタ」に条件を追加する

❶次に作成したフィルタ「**aruji**」に別の条件を追加してみます。まずはフィルタ「**aruji**」を保存しておきましょう。[**フィルタの保存**🔧]をクリックします。

❷フィルタを保存できたら条件を追加しましょう。ウィンドウ右側の[**追加**]をクリックします。

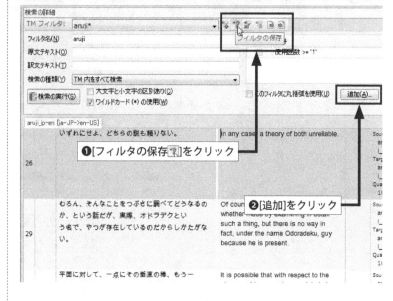

❶[フィルタの保存🔧]をクリック

❷[追加]をクリック

❸[**条件の編集**]ウィンドウが表示されます。
[**フィールド**]欄：[**訳文分節**]
[**演算子**]欄：[**次を含む**]
[**値**]欄：「**If**」
と入力しました。
これで「**訳文分節に『If』を含む分節**」という検索条件ができました。

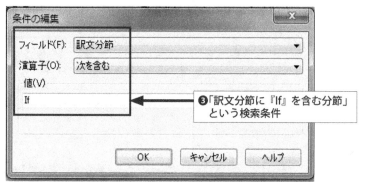

❸「訳文分節に『If』を含む分節」という検索条件

❹[**検索の詳細**]ウィンドウに戻ります。右側の[**条件**]欄に作成した条件が追加されています。
これで「**使用回数が1回以上で、訳文分節に『If』を含む分節**」という検索条件が作成されました。

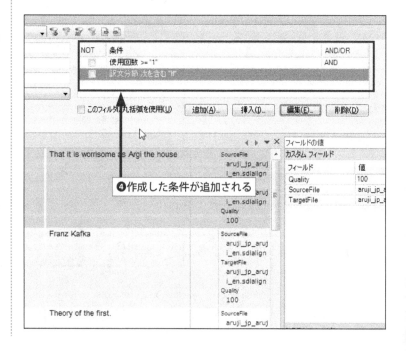

❹作成した条件が追加される

5　「フィルタ」に条件を追加する

❺左側の[NOT]欄にチェック☑を入れることによって、その条件を**否定の意味**で使用することも可能です。

この場合は「使用回数が1回以上で、訳文分節に『If』を**含まない**分節」という検索条件になります。

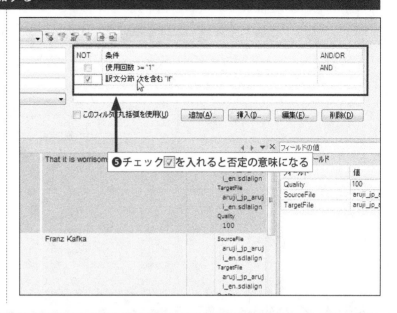

❺チェック☑を入れると否定の意味になる

6　作成した「フィルタ」をエクスポートする

❶作成した検索条件を**ファイルとしてエクスポートして、別の翻訳メモリにインポートする**ことも可能です。

ではフィルタ「**aruji**」をエクスポートしてみましょう。[**フィルタをエクスポート**]をクリックします。

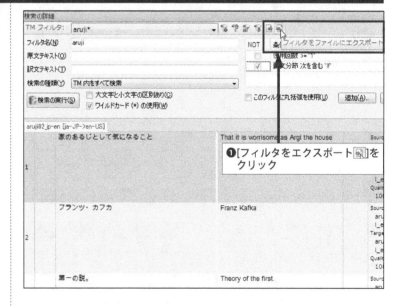

❶[フィルタをエクスポート]を
クリック

❷フィルタが未保存だった場合、右のアラートが出ますので[**はい**]をクリックしてフィルタを保存します。

メッセージ

保存したフィルタのみエクスポートできます。続行する前にフィルタの変更を保存しますか？

はい(Y)　いいえ(N)　キャンセル

6　作成した「フィルタ」をエクスポートする

❸[フィルタのエクスポート]ウィンドウが表示されます。
まず[エクスポートするフィルタの選択]欄でエクスポートするフィルタにチェック☑を入れます。今回は「aruji」のみですので「aruji」にチェック☑が入っていることを確認します。

❹続いてフィルタの[エクスポート先]を決定します。[参照]をクリックしましょう。

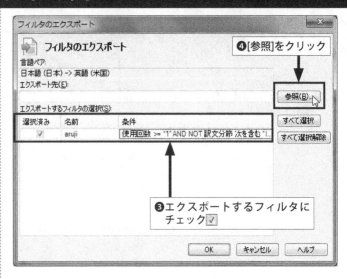

❺保存先フォルダを選択、ファイル名を入力して[保存]をクリックします。今回は「aruji」のまま保存しました。
なお、デフォルトでの保存先フォルダは[マイドキュメント]→[Studio 2014]→[Translation Memories]→[Filters]になります。

❻[エクスポート先]に選択したフォルダが表示されていることを確認して[OK]をクリックします。

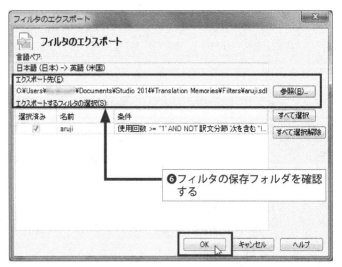

6 作成した「フィルタ」をエクスポートする

❼[フィルタをエクスポートしました。]というアラートが表示されますので[OK]をクリックして閉じます。

❽ ［翻訳メモリ］ビューに戻ります。開いている翻訳メモリを閉じましょう。
表示されている翻訳メモリ[aruji_jp-en]の上にカーソルを移動して右クリック→[リストから削除]をクリックします。

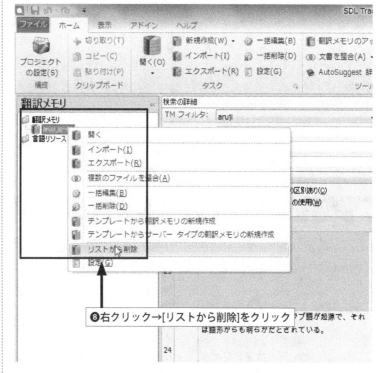

❽右クリック→[リストから削除]をクリック

❾右のアラートが表示されます。「フィルタを保存していない場合、このまま翻訳メモリを閉じるとフィルタが無効になります」という意味のアラートです。フィルタはすでにエクスポート済みですのでこのまま進みましょう。[いいえ]をクリックして閉じます

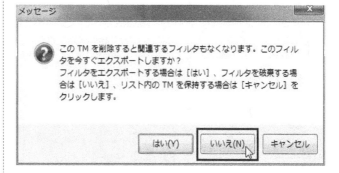

6 作成した「フィルタ」をエクスポートする

❿翻訳メモリが閉じました。

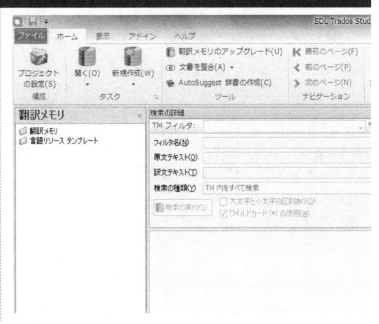

7 別の翻訳メモリにフィルタをインポートする

❶ではエクスポートしたフィルタを別のメモリにインポートしてみましょう。

まず、どんな翻訳メモリでも構いませんので [翻訳メモリ] ビューで翻訳メモリを開いておいてください。

その状態で[検索の詳細]ウィンドウ右上にある[フィルタをファイルからインポート]をクリックします。

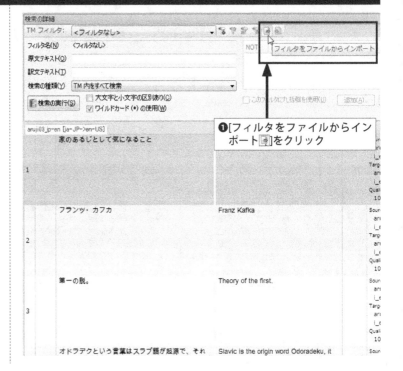

❶[フィルタをファイルからインポート]をクリック

7 別の翻訳メモリにフィルタをインポートする

❷インポートするフィルタを選択して[開く]をクリックします。ここではP.119でエクスポートしたフィルタ「**aruji**」を選択しました。なお、拡張子は「**.sdltm.filters**」になります。

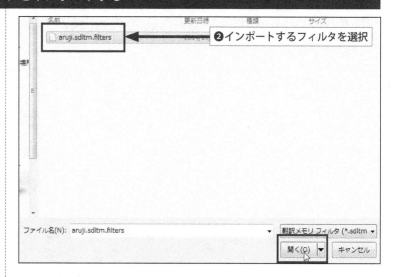

❷インポートするフィルタを選択

ファイル名(N): aruji.sdltm.filters ▾ 翻訳メモリフィルタ (*.sdltm ▾

開く(O) ▾ | キャンセル

❸[**フィルタのインポート**]ウィンドウにフィルタの一覧が表示されます。インポートするフィルタにチェック☑を入れて[OK]をクリックします。

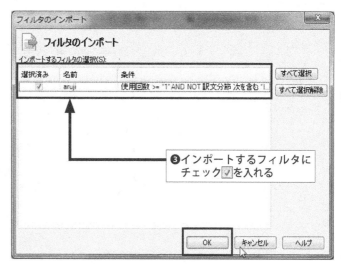

フィルタのインポート

フィルタのインポート

インポートするフィルタの選択(S):

選択済み	名前	条件
☑	aruji	使用回数 >= "1" AND NOT 訳文分節 次を含む "1...

すべて選択

すべて選択解除

❸インポートするフィルタにチェック☑を入れる

OK | キャンセル | ヘルプ

❹[**フィルタがインポートされました。**]というアラートが出ますので[OK]をクリックします。

情報

フィルタがインポートされました。

OK

■ 7 別の翻訳メモリにフィルタをインポートする

❺ [翻訳メモリ] ビューに戻ります。
[検索の詳細]ウィンドウの[フィルタ名]をクリックしてプルダウンすると、インポートされたフィルタ名が表示されます。

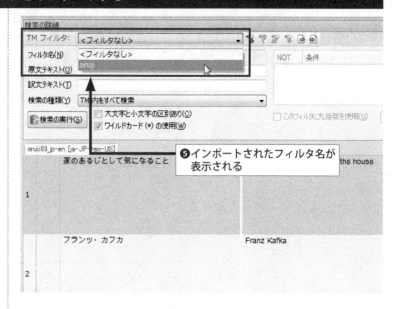

❻ プルダウンからインポートされたフィルタを選択すると、右側の[条件]欄にフィルタの内容が表示されます。正しくインポートされているかを確認しましょう。

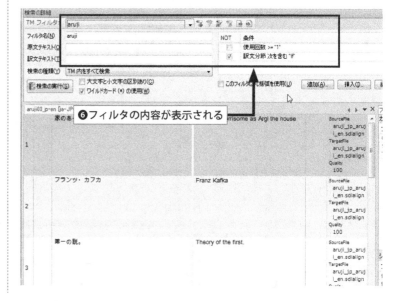

STEP

翻訳ファイルを解析する

SDL Trados Studio 2014には翻訳作業の支援だけではなく、翻訳対象ファイルを解析する機能もあります。
翻訳メモリを使用して翻訳箇所の割合を調べたり、翻訳不要部分のパーセントを出すなど、料金を算出する際などに便利な機能です。手間をかけずにクライアントへ見積もりを提出することが可能になります。

1 翻訳対象ファイルを解析する

❶解析用のプロジェクト[aruji05_jp-en]を作成しました。このプロジェクトを使ってファイルの解析作業を進めていきましょう。

❷ [ファイル] ビューを表示してプロジェクトに登録されたファイルを確認します。
このプロジェクトには「aomori_jp.docx.sdlxliff」と「aruji_jp.docx.sdlxliff」の2つのファイルが登録されています。

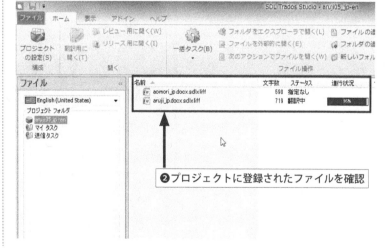

❷プロジェクトに登録されたファイルを確認

1 翻訳対象ファイルを解析する

❸ [レポート]ビューをクリックして表示します。

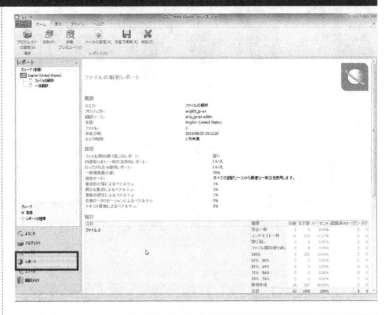

❹ 左上の[レポート]欄にあるツリーメニュー [ファイルの解析]をクリックして選択します。

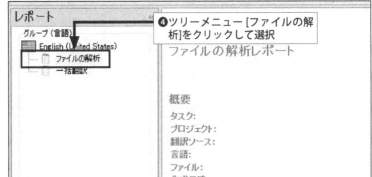

❹ ツリーメニュー [ファイルの解析]をクリックして選択

ファイルの解析レポート

概要

タスク:
プロジェクト:
翻訳ソース:
言語:
ファイル:

❺ [ファイルの解析レポート]が表示されます。
プロジェクト名や翻訳言語、作成日時などプロジェクトの概要がレポートされていることがわかります。

ファイルの解析レポート

概要
タスク: ファイルの解析
プロジェクト: aruji05_jp-en
翻訳ソース: aruji.jp-en.sdltm
言語: English (United States)
ファイル: 2
作成日時: 2014/09/15 23:11:26
タスク時間: 1秒未満

設定
ファイル間の繰り返しのレポート: はい
内部あいまい一致の活用のレポート: いいえ
ロックされた分節をレポート: いいえ
一致精度最小値: 70%
検索モード: すべての翻訳ソースから最適な一致文を使用します。
書式の欠落によるペナルティ: 1%
異なる書式によるペナルティ: 1%
複数の訳文によるペナルティ: 1%
自動ローカリゼーションによるペナルティ: 0%
テキスト置換によるペナルティ: 0%

1　翻訳対象ファイルを解析する

[ファイルの解析レポート]を下にスクロールしていくと、翻訳対象ファイルの具体的な解析結果が表示されます。[完全一致]や[コンテキスト一致]、[新規作成]など、各項目ごとに[文字数]や[パーセント]が表示されていることがわかります。

❻プロジェクト全体の解析結果

合計	種類	分節	文字数	パーセント	認識済み	トークン	タグ
ファイル:2	完全一致	0	0	0.00%		0	0
	コンテキスト一致	14	533	37.27%		0	0
	繰り返し	0	0	0.00%		0	0
	ファイル間の繰り返し	0	0	0.00%		0	0
	100%	4	210	14.69%		0	0
	95% - 99%	0	0	0.00%		0	0
	85% - 94%	0	0	0.00%		0	0
	75% - 84%	0	0	0.00%		0	0
	50% - 74%	0	0	0.00%		0	0
	新規作成	24	687	48.04%		0	0
	合計	42	1430	100%		0	0

ファイルの詳細							
ファイル	種類	分節	文字数	パーセント	認識済み	トークン	タグ
aomori_jp.docx.sdlxliff	完全一致	0	0	0.00%		0	0
	コンテキスト一致	0	0	0.00%		0	0
	繰り返し	0	0	0.00%		0	0
	ファイル間の繰り返し	0	0	0.00%		0	0
	100%	0	0	0.00%		0	0
	95% - 99%	0	0	0.00%		0	0
	85% - 94%	0	0	0.00%		0	0
	75% - 84%	0	0	0.00%		0	0
	50% - 74%	0	0	0.00%		0	0
	新規作成	22	661	100.00%		0	0
	合計	22	661	100%		0	0
aruji_jp.docx.sdlxliff	完全一致	0	0	0.00%		0	0
	コンテキスト一致	14	533	69.31%		0	0
	繰り返し	0	0	0.00%		0	0
	ファイル間の繰り返し	0	0	0.00%		0	0
	100%	4	210	27.31%		0	0
	95% - 99%	0	0	0.00%		0	0
	85% - 94%	0	0	0.00%		0	0
	75% - 84%	0	0	0.00%		0	0
	50% - 74%	0	0	0.00%		0	0
	新規作成	2	26	3.38%		0	0
	合計	20	769	100%		0	0

❼ファイルごとの解析結果

❻上段には**プロジェクト全体の解析結果**が表示されます。登録されたすべてのファイル（今回は2ファイル）を解析した結果です。

❼下段には**ファイルごとの解析結果**が表示されます。今回は2ファイルですので、2つの解析結果が縦に表示されています。

2　[一括翻訳]の結果をレポートする

❶続いて[レポート]欄のツリーメニュー[一括翻訳]をクリックして選択します。

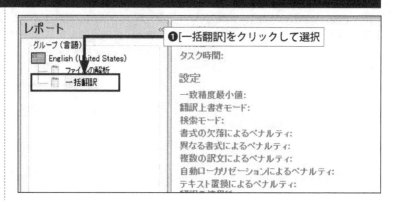

[一括翻訳]結果のレポートが表示されます。

[翻訳済み]、[更新]や[変更なし]などの項目、各項目の[合計]に対する[文字数]や[パーセント]など、[一括翻訳]による翻訳結果がレポートされていることがわかります。

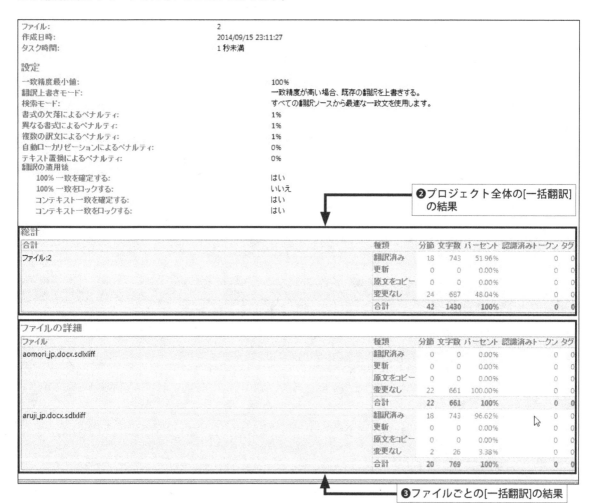

ファイル:　　　　　　　　　　　　2
作成日時:　　　　　　　　　　　　2014/09/15 23:11:27
タスク時間:　　　　　　　　　　　1秒未満

設定
一致精度最小値:　　　　　　　　　　　　　　　　　100%
翻訳上書きモード:　　　　　　　　　　　　　　　　一致精度が高い場合、既存の翻訳を上書きする。
検索モード:　　　　　　　　　　　　　　　　　　　すべての翻訳ソースから最適な一致文を使用します。
書式の欠落によるペナルティ:　　　　　　　　　　　1%
異なる書式によるペナルティ:　　　　　　　　　　　1%
複数の訳文によるペナルティ:　　　　　　　　　　　1%
自動ローカリゼーションによるペナルティ:　　　　　0%
テキスト置換によるペナルティ:　　　　　　　　　　0%
翻訳の適用後
　　100% 一致を確定する:　　　　　　　　　　　　はい
　　100% 一致をロックする:　　　　　　　　　　　いいえ
　　コンテキスト一致を確定する:　　　　　　　　　はい
　　コンテキスト一致をロックする:　　　　　　　　はい

❷プロジェクト全体の[一括翻訳]の結果

総計

合計		種類	分節	文字数	パーセント	認識済みトークン	タグ
ファイル:2		翻訳済み	18	743	51.96%	0	0
		更新	0	0	0.00%	0	0
		原文をコピー	0	0	0.00%	0	0
		変更なし	24	687	48.04%	0	0
		合計	42	1430	100%	0	0

ファイルの詳細

ファイル	種類	分節	文字数	パーセント	認識済みトークン	タグ
aomori_jp.docx.sdlxliff	翻訳済み	0	0	0.00%	0	0
	更新	0	0	0.00%	0	0
	原文をコピー	0	0	0.00%	0	0
	変更なし	22	661	100.00%	0	0
	合計	22	661	100%	0	0
aruji_jp.docx.sdlxliff	翻訳済み	18	743	96.62%	0	0
	更新	0	0	0.00%	0	0
	原文をコピー	0	0	0.00%	0	0
	変更なし	2	26	3.38%	0	0
	合計	20	769	100%	0	0

❸ファイルごとの[一括翻訳]の結果

❷上段には**プロジェクト全体の[一括翻訳]の結果**が表示されます。登録されたすべてのファイル（今回は2ファイル）を[一括翻訳]した結果です。

❸下段には**ファイルごとの[一括翻訳]の結果**が表示されます。今回は2ファイルですので、2つの[一括翻訳]結果が縦に表示されています。

3 レポートをExcelに保存する

❶これらのレポートは レポート
ビューで見るだけでなく、**Excel
ファイルとして保存**することも
可能です。
ツリーメニュー[ファイルの解析]
を選択した状態で**[ホーム]リボン
→[別名で保存]**をクリックします。

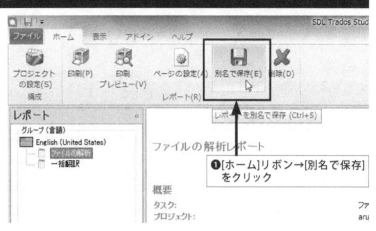

❷保存先フォルダを選択、ファイ
ル名を入力して**[保存]**をクリック
します。今回は「**aruji_report**」
というファイル名を入力しまし
た。なお、Excelファイルは.xlsx
形式で保存されます。

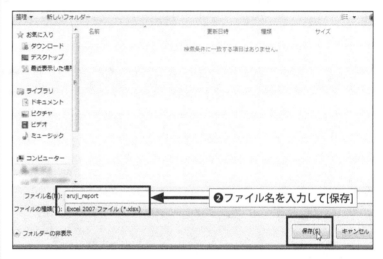

❸「**aruji_report.xlsx**」が保存され
ました。ダブルクリックで開い
てみましょう。

❹ [レポート] ビューで見た解析レポートがそのままExcelで保存されています。
このファイルを見積もりとしてクライアント様へ提出することも可能です。

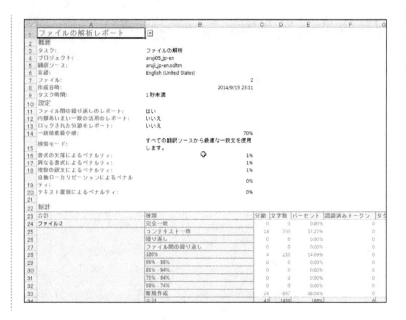

4　[翻訳カウント]を実行する

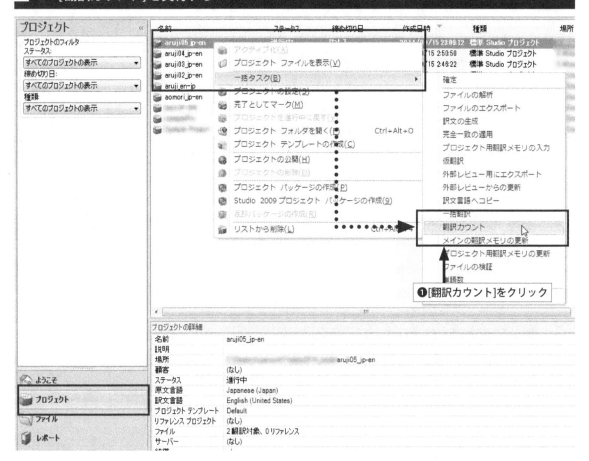

❶[翻訳カウント]をクリック

次は**[翻訳カウント]**を実行してみます。この機能はプロジェクトの進行状況を知るのに便利です。
❶ [プロジェクト] ビューを表示して、該当のプロジェクト（今回は「**aruji05_jp-en**」）を選択して**右クリック→[一括タスク]→[翻訳カウント]**をクリックします。

4 [翻訳カウント]を実行する

❷[連続タスク]欄で[翻訳カウント]
が選択されていることを確認し
て[次へ]をクリックします。

❸プロジェクトに登録された翻訳
対象のXLIFFファイルが表示され
ていることを確認して[次へ]をク
リックします。

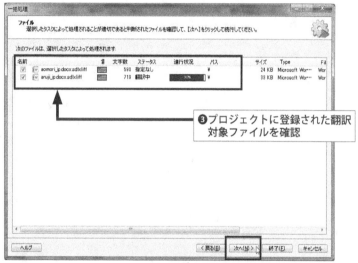

❹[終了]をクリックします。

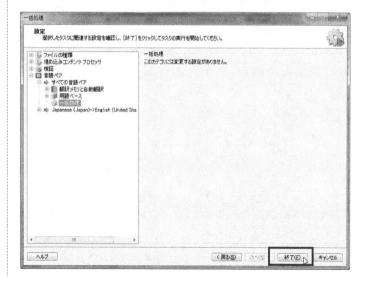

4 [翻訳カウント]を実行する

❺[翻訳カウント]が完了したことを
確認して[閉じる]をクリックしま
す。

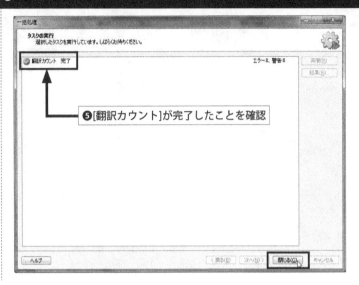

❺[翻訳カウント]が完了したことを確認

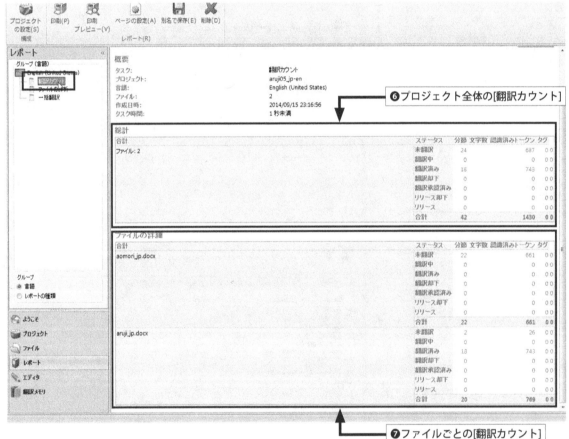

❻プロジェクト全体の[翻訳カウント]

❼ファイルごとの[翻訳カウント]

[レポート]ビューで[翻訳カウント]のレポートが表示されます。
[未翻訳]や[翻訳中]、[翻訳済み]など、分節ごとのステータスのレポートが[分節]、[認識済みトークン]に表示されていることがわかります。
❻上段にはプロジェクト全体の[翻訳カウント]の結果が表示されます。
❼下段にはファイルごとの[翻訳カウント]の結果が表示されます。

PDFを翻訳対象ファイルとして
プロジェクトに登録する

SDL Trados Studio 2014では、PDFファイルを翻訳対象ファイルとしてプロジェクトに追加することも可能です。ただ、翻訳完了後に元のPDFファイルとして書き出すことはできず、Word形式での保存になります。

1 SDL Trados Studio 2014でPDFファイルを翻訳する

では実際にPDFファイルを翻訳対象ファイルとしたプロジェクトを作成してみます。

❶まずは翻訳用のPDFファイルを用意します。今回は**「aruji_jp.pdf」**を翻訳対象ファイルとして用意しました。

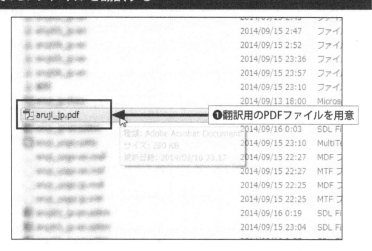

❷**「aruji_jp.pdf」** をAdobe Reader（http://get.adobe.com/jp/reader/）で開いたところです。内容自体はフランツ・カフカの**「家のあるじとして気になること」**を単純にPDF化したものです。

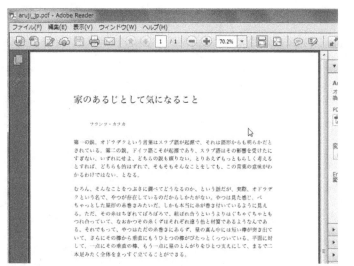

1 SDL Trados Studio 2014でPDFファイルを翻訳する

❸新規にプロジェクトを作成しま
す。
[名前]欄にプロジェクト名を入力
して[次へ]をクリックします。
今回は「aruji_jp-en_PDF」と入
力しました。

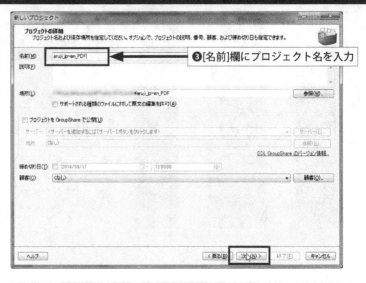

❹[原文言語]に[Japanese (Japan)]、
[訳 文 言 語]に[English (United
States)]を 選 択 し て[次 へ]を ク
リックします。

❺翻訳対象ファイルを選択する
項 目 でPDFフ ァ イ ル(「aruji_
jp.pdf」)を選択して[開く]をク
リックします。

1 SDL Trados Studio 2014でPDFファイルを翻訳する

❻選択したPDFファイル（「aruji_
jp.pdf」）が表示されていること
を確認して[次へ]をクリックしま
す。

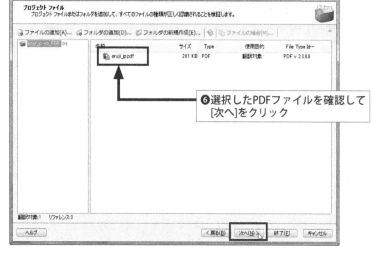

❻選択したPDFファイルを確認して
[次へ]をクリック

❼プロジェクト「aruji_jp-en_
PDF」に翻訳メモリと用語ベース
を追加します。P.064で作成した
プロジェクト「aruji_en-jp」と
同様、翻訳メモリは「aruji_jp-
en.sdltm」、用語ベースは「aruji_
yogo.sdltb」を使用しています。

❼プロジェクトに用語ベースを
追加

❽ファイルを確認し、[次へ]をク
リックして[プロジェクトの準備]
ウィンドウに進みます。

1 SDL Trados Studio 2014でPDFファイルを翻訳する

❾[連続タスク]で[プロジェクト用
TMなしで準備]を選択したまま
[次へ]をクリックします。

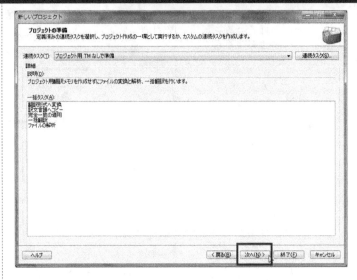

❿[次へ]をクリックして進みます。

❿[プロジェクトの概要]を確認して
[終了]をクリックします。

1　SDL Trados Studio 2014でPDFファイルを翻訳する

⓫[**プロジェクトの準備**]が実行され
ます。正常に[**完了**]したことを確
認して[**閉じる**]をクリックします。

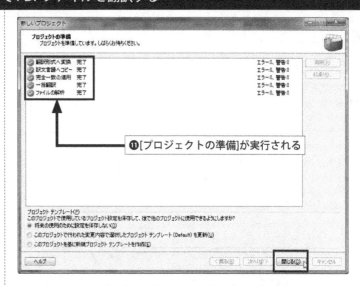

⓬[**プロジェクト**]ビューで新規プ
ロジェクト「**aruji_jp-en_PDF**」
が表示されていることを確認し
ます。

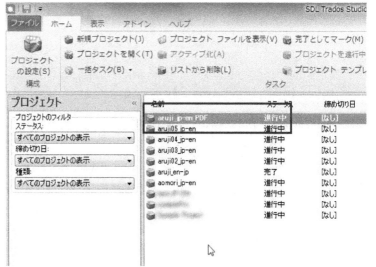

⓭[**ファイル**]ビューを表示す
るとPDFがXLIFFファイルに変換
されていることが確認できます。
このファイルをダブルクリック
で開きます。

1 SDL Trados Studio 2014でPDFファイルを翻訳する

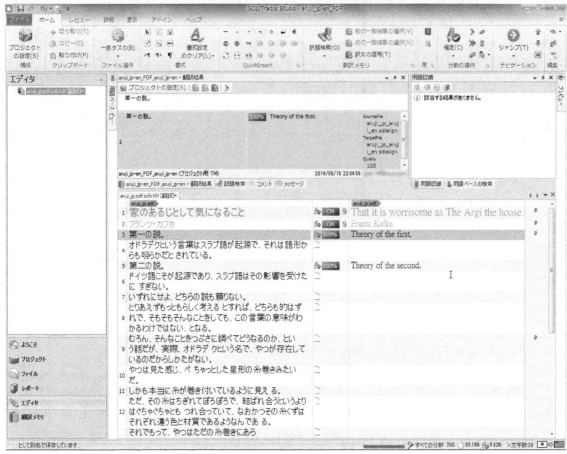

⓮ <kbd>エディタ</kbd> ビューで「**aruji_jp-en_PDf.sdlxliff**」ファイルが開きます。

PDF上のテキストが分節として区切られていることが確認できます。

1　SDL Trados Studio 2014でPDFファイルを翻訳する

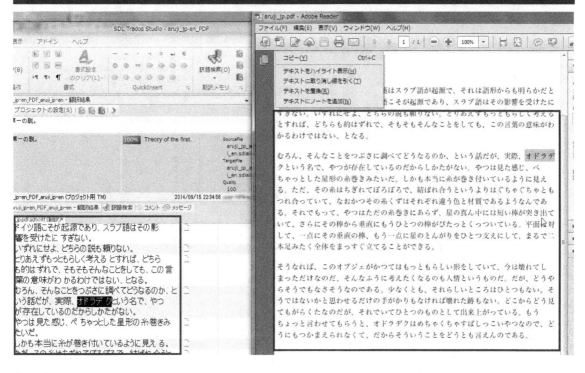

❶元データのPDFファイルと比べてみます。PDFをXLIFFファイル化したため、改行位置が多少おかしくなって
いる部分がありますが、翻訳作業は可能な状態です。

❶[プレビュー]画面で完成イメージを確認しながら翻訳作業を進めます。

2 訳文ファイルをWordに書き出す

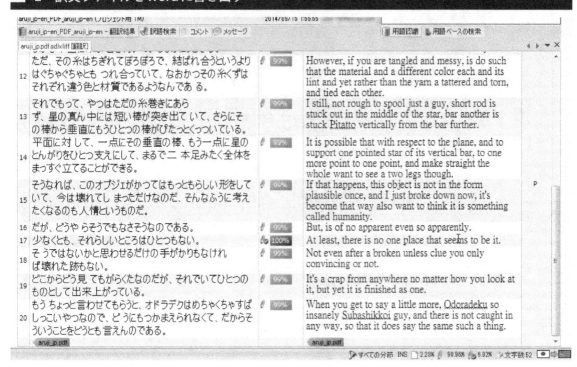

❶一通り翻訳が終わりましたので、このファイルを訳文ファイルとして保存します。
書き出す形式は元ファイルのPDFではなく、**Word（.docx）形式**となります。

❷[ファイル]リボン→[別名（訳文
のみ）で保存]をクリックします。

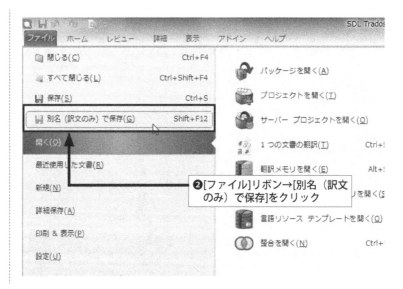

❷[ファイル]リボン→[別名（訳文
のみ）で保存]をクリック

■ 2 訳文ファイルをWordに書き出す

❸保存先フォルダを選択して**[保存]**をクリックします。なおファイル名は「**aruji_jp.docx**」としています。

❹訳文ファイル「**aruji_jp.docx**」が保存されました。ダブルクリックで開いて確認してみましょう。

❺「**aruji_jp.docx**」を開きました。ちゃんと英語に翻訳されています。

That it is worrisome as The Argi the house

Frantz Kafka

Theory of the first. Slavic is the origin word Odoradeku, it is that it's clear from the word form. Theory of the second. Only German is originated, Slavic was only affected. いずれにせよ、どちらの謎も頼りない。And If we consider plausible for the time being, both the irrelevant, the first place in doing that, it is the meaning of this word is, but not seen.

Of course, it's talking about how that, whether made by examining in detail such a thing, but there is no way in fact, under the name Odoradeku, guy because he is present. Guy's peg like a star-shaped saw feeling, was Pechatto. And I look like thread is wound around really. However, if you are tangled and messy, is do such that the material and a different color each and its lint and yet rather than the yam a tattered and torn, and tied each other. I still, not rough to spool just a guy, short rod is stuck out in the middle of the star, bar another is stuck Pitatto vertically from the bar further. It is possible that with respect to the plane, and to support one pointed star of its vertical bar, to one more point to one point, and make straight the whole want to see a two legs though.

If that happens, this object is not in the form plausible once, and I just broke down now, it's become that way also want to think it is something called humanity. But, is of no apparent even so apparently. At least, there is no one place that seems to be it. Not even after a broken unless clue you only convincing or not. It's a crap from anywhere no matter how you look at it, but yet it is finished as one. When you get to say a little more, Odoradeku so insanely Subashikkoi guy, and there is not caught in any way, so that it does say the same such a thing.

column

PDFファイルによっては文字化けする？

PDFファイルを翻訳対象ファイルとしてプロジェクトに追加する方法をご紹介してきましたが、PDFによってはこのように文字化けしてうまくXLIFFファイルに変換できないものがあります。

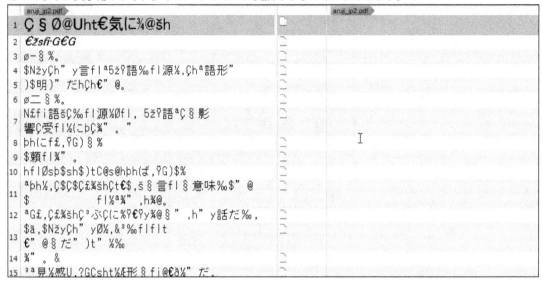

SDL Trados StudioではSolid Document Technologyという会社のコンバーターを使用してPDFをDOCXに変換しています。**[プロジェクトの設定]をクリック→ツリーメニュー[ファイルの種類]→[PDF]と展開して[コンバータ]**の設定を変更することで文字化けを回避できる可能性があります。

それでもうまくいかないときは、変換後に原文フォルダにWordファイルが生成されるので、そのWordを開いて文字化けを修正できるかを試すという方法になります。

ですがPDFの文字化けが発生してしまった場合は、時間との兼ね合いも考えつつ早々にあきらめて元データを提供いただけるようお願いする方が得策という場合もあるかも知れません。

S T E P

「分節規則」を設定する

SDL Trados Studio 2014では、言語ごとに句読点やピリオ
ド、タブなどを手がかりに原文分節が区切られます。
基本的にはデフォルト設定のままでOKですが、プロジェ
クトごとに細かく分節の切り方を設定（コロンやピリオ
ドの後に半角スペースがない場合は分節を続ける。など）
することも可能です。

1 デフォルトの分節規則を確認する

❶まずはデフォルトで設定されて
いる分節規則を確認してみます。
　　翻訳メモリ　　　ビューで
任意の翻訳メモリ（ここでは
「aruji02_jp-en」）を開きます。
翻訳メモリ名の上にカーソルを
移動して**右クリック→[設定]**をク
リックします。

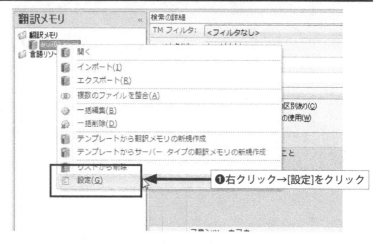

❷翻訳メモリのツリーメニューを
展開して**[言語リソース]**を選択
し、**[分節規則]**をダブルクリック
して開きます。

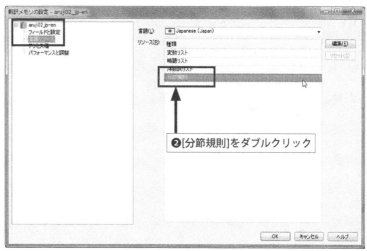

1 デフォルトの分節規則を確認する

❸[分節規則]ウィンドウが表示されます。
[規則]欄にデフォルトで2つの規則が設定されていることがわかります。

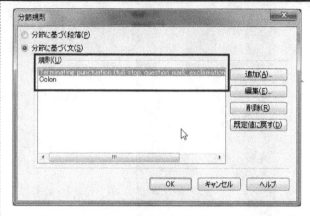

❹1つ目の規則を開いて内容を確認してみましょう。
確認が終わりましたら[OK]をクリックして[分節規則]ウィンドウに戻ります。

❺続いて2つ目の規則を開いて内容を確認してみます。こちらも内容確認後に[OK]をクリックして[分節規則]ウィンドウに戻ります。

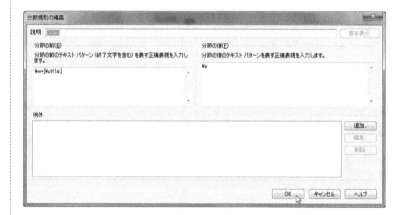

■2　分節規則を新しく追加する

では新しく分節規則を追加してみ
ましょう。
❶[分節規則]ウィンドウの[追加]を
　クリックします。

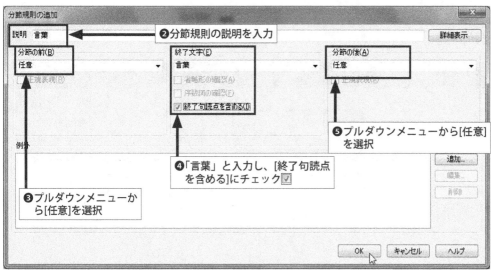

[分節規則の追加]ウィンドウが表示されます。
❷[説明]欄に分節規則の説明を入力します。わかりやすい名前にしておくといいでしょう。ここでは「言葉」と
　入力しました。
❸[分節の前]欄ではプルダウンメニューから[任意]を選択しました。
❹[終了文字]欄には「言葉」と入力し、[終了句読点を含める]にチェック☑を入れました。
❺[分節の後]欄でもプルダウンメニューから[任意]を選択しました。
規則の設定ができましたら[OK]をクリックして[分節規則]ウィンドウに戻ります。

❻[分節規則]ウィンドウに新しい分
　節規則「言葉」が追加されてる
　ことを確認して[OK]をクリック
　します。

2 分節規則を新しく追加する

❼これで「**句読点を含む含まない
に関わらず、『言葉』という文字
の後で分節を区切る**」という意
味の分割規則「**言葉**」が設定で
きました。

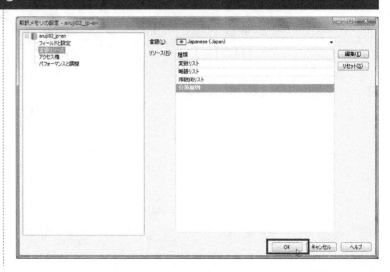

3 プロジェクトに登録された翻訳メモリを置き換える

❶次は分節規則を設定した翻訳メ
モリを、進行中のプロジェクト
（今回は「**aruji05_jp-en**」）に追
加してみましょう。
プロジェクト ビューを表示して該
当プロジェクト「**aruji05_jp-
en**」を右クリック→[**プロジェク
トの設定**]をクリックします。

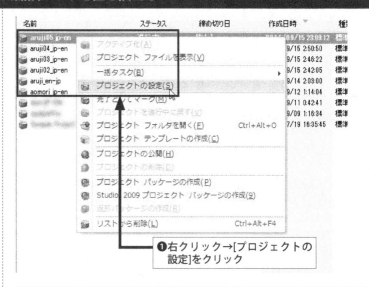

❶右クリック→[プロジェクトの
設定]をクリック

❷まずは登録されている翻訳メモ
リを削除します。
ツリーメニュー[**言語ペア**]を展開
して[**Japanese (Japan)->English
(United States)**]（ここは原文、
翻訳言語によって変わります）
→[**翻訳メモリと自動翻訳**]をク
リックして選択します。
[**この言語ペアに別の翻訳プロバ
イダを使用します。**]にチェック
を入れます。

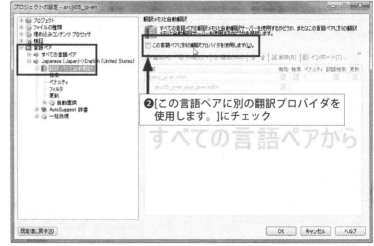

❷[この言語ペアに別の翻訳プロバイダを
使用します。]にチェック

3 プロジェクトに登録された翻訳メモリを置き換える

❸右のアラートが表示されますので[はい]をクリックします。

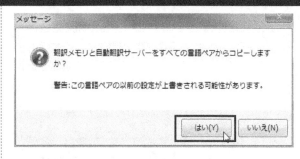

❹チェックを入れると、登録された翻訳メモリを削除できるようになります。
既存のメモリ「aruji_jp-en.sdltm」を選択して[削除]をクリックします。

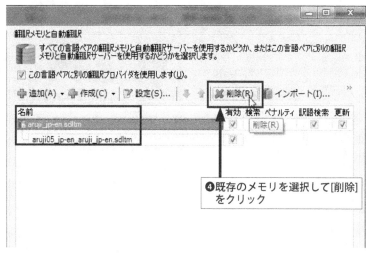

❹既存のメモリを選択して[削除]をクリック

❺[設定から削除しますか?]と聞かれますので、[はい]をクリックします。

❻次は分節規則を設定した翻訳メモリを追加します。
[追加]をクリックしてプルダウンメニューを表示、[ファイル共有タイプの翻訳メモリ]をクリックします。

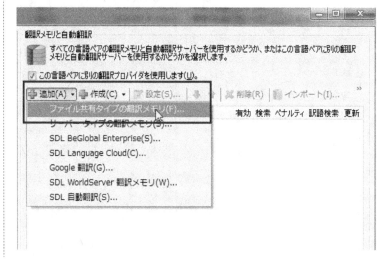

3 プロジェクトに登録された翻訳メモリを置き換える

❼翻訳メモリを選択します。P.143
で分節規則を登録した翻訳メモ
リ「**aruji02_jp-en.sdltm**」を選
択しています。

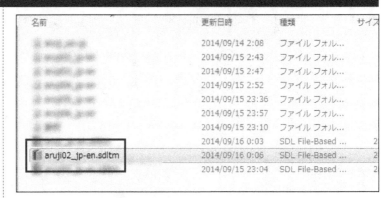

名前	更新日時	種類	サイズ
	2014/09/14 2:08	ファイル フォル...	
	2014/09/15 2:43	ファイル フォル...	
	2014/09/15 2:47	ファイル フォル...	
	2014/09/15 2:52	ファイル フォル...	
	2014/09/15 23:36	ファイル フォル...	
	2014/09/15 23:57	ファイル フォル...	
	2014/09/15 23:10	ファイル フォル...	
	2014/09/16 0:03	SDL File-Based ...	2
aruji02_jp-en.sdltm	2014/09/16 0:06	SDL File-Based ...	2
	2014/09/15 23:04	SDL File-Based ...	2

❽プロジェクト「**aruji05_jp-en**」
に翻訳メモリ「**aruji02_jp-en.
sdltm**」が追加されました。

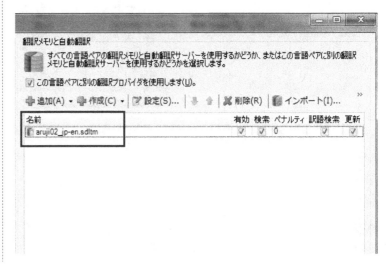

翻訳メモリと自動翻訳

すべての言語ペアの翻訳メモリと自動翻訳サーバーを使用するかどうか、またはこの言語ペアに別の翻訳メモリと自動翻訳サーバーを使用するかどうかを選択します。

☑ この言語ペアに別の翻訳プロバイダを使用します(U)。

➕ 追加(A) ▾ ➕ 作成(C) ▾ | 📝 設定(S)... | ⬇ ⬆ | ✖ 削除(R) | 📥 インポート(I)...

名前	有効	検索	ペナルティ	訳語検索	更新
aruji02_jp-en.sdltm	☑	☑	0	☑	☑

4 翻訳対象ファイルを再度一括翻訳する

❶分節規則を設定した翻訳メモリ
がプロジェクトに追加されまし
たので、このメモリ（「**aruji02_
jp-en.sdltm**」）を使用して再度一
括翻訳を実行してみます。
まずは現在プロジェクトに登録
されているXLIFFファイルを削除
しましょう。
［ファイル］ビューを表示して該
当のXLIFFファイル（ここでは
「**aruji_jp.docx.sdlxliff**」）を**右ク
リック→[ファイルの削除]**をク
リックします。

aomori_jp.docx.sdlxliff		590	指定なし	24 KB	翻訳対象
aruji_jp.docx.sdlxliff		719	翻訳完中	97%	33 KB	翻訳対象

🔁 翻訳用に開く(T)
📄 レビュー用に開く(W)
🔼 リリース用に開く(I)
一括タスク(B) ▸
🖥 プロジェクト パッケージの作成(P)
🖥 Studio 2009 プロジェクト パッケージの作成(9)
🖥 返却パッケージの作成(R)
🗂 フォルダをエクスプローラで開く(L)
🗂 ファイルを外部的に開く(E)
🗂 次のアクションでファイルを開く(W)
🗂 最新バージョンの取得(G)
🗂 チェック アウト(H)
🗂 チェック イン(K)
🗂 チェック アウトのキャンセル(C)
🗂 特定のバージョンのダウンロード(9)
🔄 フェーズの変更(C) ▸
🔄 フェーズ内のユーザーに割り当て(A) ▸
📄 ファイルの追加(F)
📄 フォルダの追加(O)
📄 新しいフォルダの追加(N)
📄 ファイルの削除(D)

ファイルの詳細
名前

4 翻訳対象ファイルを再度一括翻訳する

❷右のアラートが出ますので[OK]
をクリックして進みます。

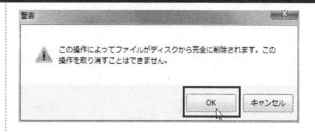

❸次に原文言語と翻訳言語を切り
替えます。
English (United States) を プ
ルダウンして Japanese (Japan)
を選択します。

❹原文言語に切り替わりました。
先ほどと同様に「**aruji_jp.docx.
sdlxliff**」ファイルを**右クリック
→[ファイルの削除]**をクリックし
てファイルを削除します。

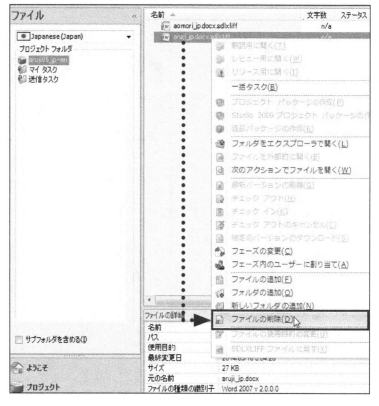

4 翻訳対象ファイルを再度一括翻訳する

❺古いファイルが削除できたら、次は新しい翻訳対象ファイルを追加しましょう。
[ホーム]リボン→[ファイルの追加]をクリックします。

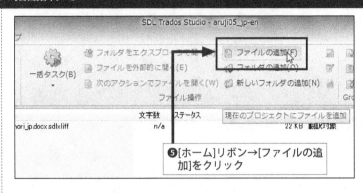

❺[ホーム]リボン→[ファイルの追加]をクリック

❻翻訳対象のWordファイル「**aruji_jp.docx**」を選択して[**開く**]をクリックします。

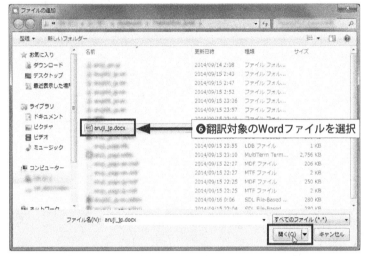

❻翻訳対象のWordファイルを選択

❼ [ファイル] ビュー に「**aruji_jp.docx**」が追加されました。
追加されたファイルはWord形式（.docx）のままですので、XLIFFファイルに変換します。
「**aruji_jp.docx**」を選択して**右クリック→[一括タスク]→[準備]**をクリックします。

❼**右クリック→[一括タスク]→[準備]をクリック**

4 翻訳対象ファイルを再度一括翻訳する

❽[連続タスク]欄が[準備]になって
いることを確認して[次へ]をク
リックします。

❾[次へ]をクリックします。

❿[終了]をクリックします。

4 翻訳対象ファイルを再度一括翻訳する

⑪[一括処理]が実行されます。正常に処理が[完了]したことを確認して[閉じる]をクリックします。

⑫ ファイル ビューに戻ります。翻訳対象ファイル「aruji_jp.docx.sdlxliff」が生成されていることを確認して、プルダウンメニューから English (United States) を選択して訳文言語に表示を切り替えます。

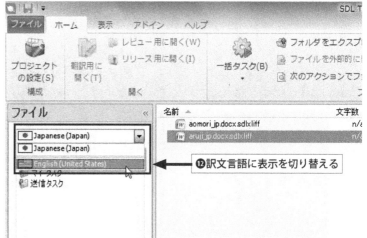

⑫訳文言語に表示を切り替える

⑬ English (United States) 側にも同様に「aruji_jp.docx.sdlxliff」が生成されていることを確認します。

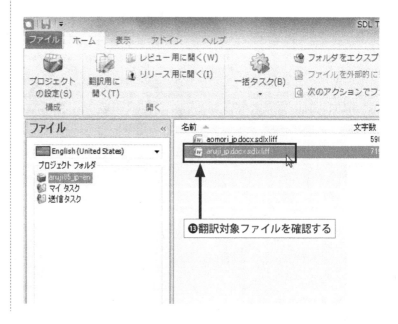

⑬翻訳対象ファイルを確認する

4　翻訳対象ファイルを再度一括翻訳する

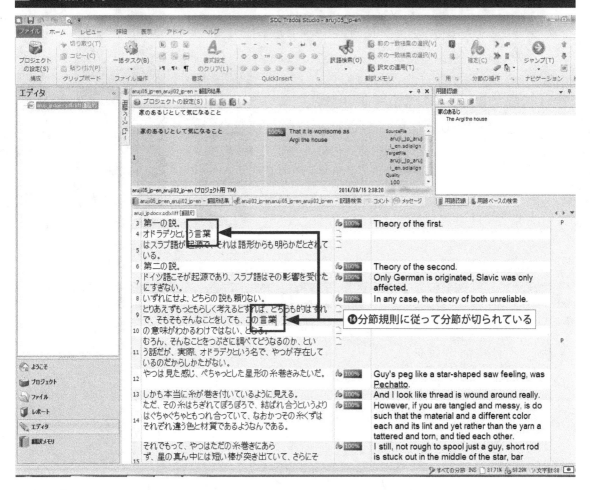

翻訳対象ファイルが確認できたら、そのファイル（「**aruji_jp.docx.sdlxliff**」）をダブルクリックして 〔ファイル〕ビューで開きます。

❶分節を確認すると、設定した分節規則に従って「**言葉**」という単語で切られていることがわかります。

S T E P

「分節規則」をテンプレート化する

翻訳メモリに設定した分節規則は「テンプレート」として
ファイルに書き出すことができます。テンプレートとして
書き出すことによって、他の翻訳メモリに分節規則を流用
することが可能になります。
ここでは分節規則をテンプレート化して別の翻訳メモリ
に設定する手順をご紹介します。

1　分節規則のテンプレートを作成する

❶まずは[翻訳メモリ]ビューを表
示して、[翻訳メモリ]欄にある[言
語リソーステンプレート]を右ク
リック→[新しい言語リソーステ
ンプレート]をクリックします。

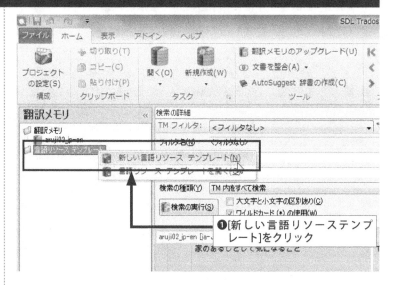

❶[新しい言語リソーステンプ
レート]をクリック

❷[新しい言語リソーステンプレー
ト]ウィンドウが開きます。

1 分節規則のテンプレートを作成する

❸[言語]をプルダウンして分節規則
を設定する言語を選択します。
今回は[Japanese (Japan)]を選択
しています。

❷分節規則を設定する言語を選択

❸[リソース]欄から[分節規則]を選
択して[編集]をクリックします。
なお、[分節規則]をダブルクリッ
クでもOKです。

❸[リソース]欄から[分節規則]を選択

❹[分節規則]ウィンドウが開きます。
画面右側の[追加]をクリックしま
す。

1 分節規則のテンプレートを作成する

❺[分節規則の追加]ウィンドウが開きます。ここではP.145で設定した分節規則「言葉」と同じ内容をもう一度設定しています。設定が終わったら[OK]をクリックします。

❻[分節規則]ウィンドウに戻ります。新しく設定した分節規則「言葉」が一覧に追加されていることを確認して[OK]をクリックします。

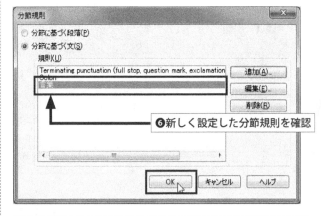

❼[新しい言語リソーステンプレート]ウィンドウに戻りますので、[OK]をクリックします。

1 分節規則のテンプレートを作成する

❽テンプレートの保存先を選択して、テンプレート名を入力、[**保存**]をクリックします。なお、今回はテンプレート名に「**kotoba**」と入力しています。テンプレートファイルの拡張子は**.sdltm. resource**です。

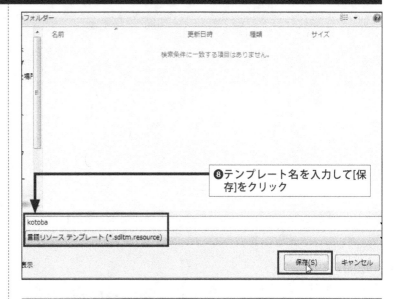

❾[翻訳メモリ]ビューに戻ります。[**翻訳メモリ**]欄に言語リソーステンプレート「**kotoba**」が追加されました。

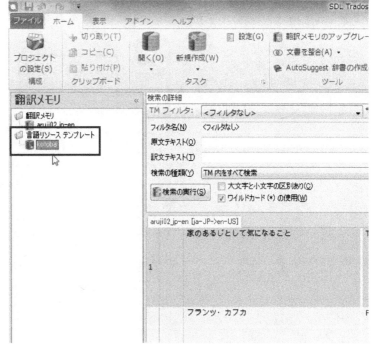

2 新しい翻訳メモリに分節規則のテンプレートを適用する

では作成された分節規則のテンプレートを新しい翻訳メモリに適用してみましょう。

❶まずは [翻訳メモリ] ビューで [ホーム]リボン→[新規作成]をクリックします。

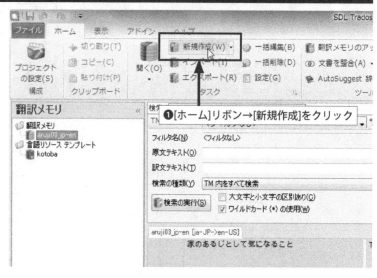

❷翻訳メモリ名、保存場所、原文言語、訳文言語を設定して[次へ]をクリックします。ここでは原文言語を[Japanese (Japan)]、訳文言語を[English (United States)]、翻訳メモリ名を「aruji04_jp-en」としました。

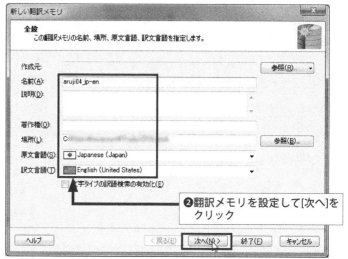

❸[次へ]をクリックします。

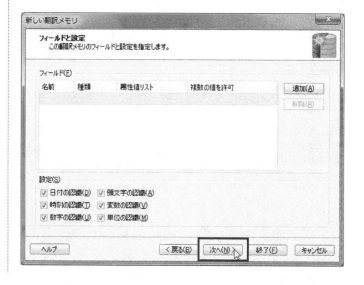

■ 2　新しい翻訳メモリに分節規則のテンプレートを適用する

❹[テンプレート]欄の[参照]をクリックします。

❹[参照]をクリック

❺分節規則のテンプレート「kotoba.sdltm.resource」を選択して[開く]をクリックします。

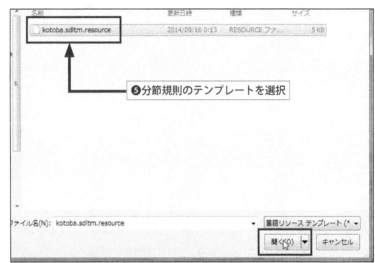

❺分節規則のテンプレートを選択

❻[テンプレート]欄をプルダウンすると、テンプレート「kotoba」が追加されていることがわかります。

❻新しいテンプレート「kotoba」が追加された

2 新しい翻訳メモリに分節規則のテンプレートを適用する

❼テンプレート「kotoba」を選択して[終了]をクリックします。

❽[翻訳メモリの作成]が実行されます。正常に処理が完了したことを確認して[閉じる]をクリックします。

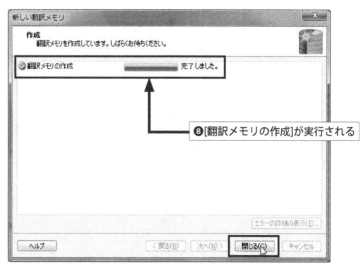

❾翻訳メモリ「aruji04_jp-en」が作成されました。
ちゃんと分節規則が設定されているかを確認してみましょう。
「aruji04_jp-en」の上にカーソルを移動して右クリック→[設定]をクリックします。

2 新しい翻訳メモリに分節規則のテンプレートを適用する

❿ツリーメニューから[言語リソース]を選択して[分節規則]をダブルクリックします。

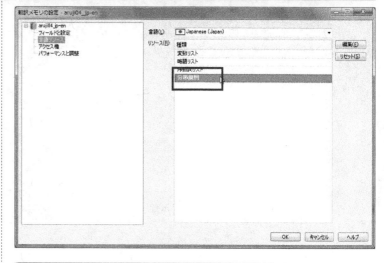

⓫[分節規則]ウィンドウが開きます。規則一覧に新しい分節規則「言葉」が追加されているのがわかります。

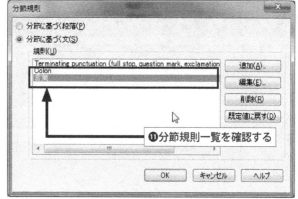

❿分節規則一覧を確認する

S T E P

プロジェクトのパッケージを作成する

翻訳作業は必ずしも1人だけで完結するとは限りません。
特に大きな案件になると翻訳会社から翻訳者、クライアン
トから翻訳会社など、翻訳作業を別の人に依頼する状況
が予想されます。そういった際の対応として、SDL Trados
Studio 2014では「進行中の翻訳プロジェクトをパッケー
ジ化して別の人に渡す」ための機能が用意されています。

1 翻訳プロジェクトのパッケージを作成する

❶進行中のプロジェクトをパッケージ化する

❶ではプロジェクトをパッケージ化する手順をご紹介していきます。
ここでは進行中のプロジェクト「**aruji02_jp-en**」をパッケージ化してみます。

■ 1 翻訳プロジェクトのパッケージを作成する

❷プロジェクト「**aruji02_jp-en**」
を選択した状態で[ホーム]リボン
→[**プロジェクトパッケージの作
成**]をクリックします。

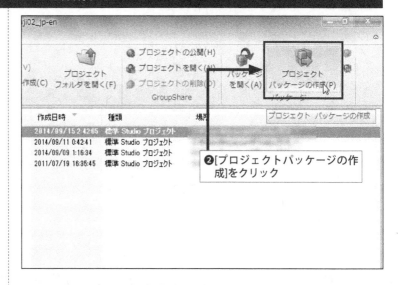

❸[**プロジェクトパッケージの作成**]
ウィンドウが開きます。
まずはプロジェクトパッケージ
に入れるファイルを選択します。
プロジェクトに登録されている
ファイルが一覧表示されますの
で、パッケージ化するファイル
にチェックを入れます。

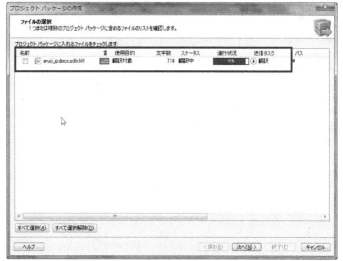

❹このプロジェクトに登録されて
いるファイルは「**aruji_jp.docx.
sdlxliff**」ファイル1つですので、
ファイル名の頭にチェック☑を
入れて[**次へ**]をクリックします。

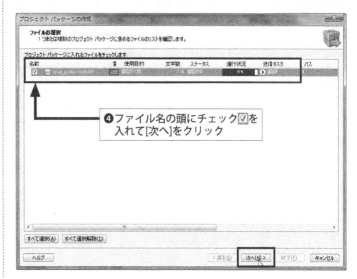

1　翻訳プロジェクトのパッケージを作成する

❺プロジェクトの保存先フォルダ
　を選択して[フォルダーの選択]を
　クリックします。

❻[保存先のフォルダ]欄に選択した
　フォルダが表示されていること
　を確認します。
❼[分割オプション]では[1つのパッ
　ケージを作成]にチェック◉を入
　れて[次へ]をクリックします。
　なお、[すべてのプロジェクト
　言語用にパッケージを作成]に
　チェックを入れると「最大合計
　文字数」「最大未確定文字数」「最
　大未確定単語数」のいずれか、
　もしくはすべてのオプションを
　指定してパッケージを分割でき
　ます。

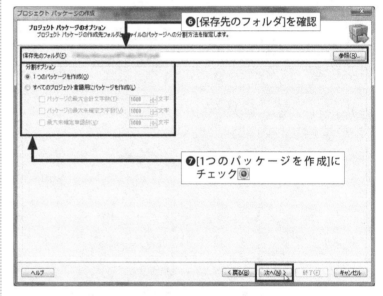

❽内容を確認して[次へ]をクリック
　します。

1 翻訳プロジェクトのパッケージを作成する

❾ところが、右のようなアラート
が出て先に進めません。
いったん[OK]をクリックして戻
ります。

❿プロジェクトパッケージを作成
するには、かならず[担当者]を設
定する必要があります。ここが
空欄のままだと❾のアラートが
出て、先に進めなくなります。
[担当者]欄の[ユーザー]をクリッ
クします。

❿[ユーザー]をクリック

⓫[ユーザー]ウィンドウが開きま
すので、右側にある[追加]をク
リックします。

⓫[追加]をクリック

⓬[ユーザーの追加]ウィンドウが
開きます。[名前]欄にユーザー
名を入力しましょう。今回は
「translator」としました。それ
以外は空欄でも構いません。
入力が終わったら[OK]をクリッ
クします。

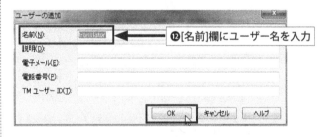

⓬[名前]欄にユーザー名を入力

⓭[ユーザー]ウィンドウに戻りま
す。ユーザー一覧に追加したユー
ザー名「translator」が表示され
ていることを確認して[OK]をク
リックします。

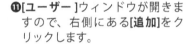

1 翻訳プロジェクトのパッケージを作成する

⓮[担当者]欄をプルダウンすると「**translator**」が選択できるようになっていることがわかります。「**translator**」を選択して[**次へ**]をクリックします。

⓮[担当者]欄をプルダウンして「translator」を選択

プロジェクトのオプションを選択します。

⓯[**プロジェクト用翻訳メモリ**]項目では[**すべてのパッケージに既存のプロジェクト用翻訳メモリを含める**]にチェック◉を入れています。

⓰[**ファイル共有タイプのリソース**]項目では[**メインの翻訳メモリ**]と[**用語ベース**]にチェック☑を入れました。登録された翻訳メモリと用語ベースをそのままパッケージに含めることができるオプションです。

オプションを選択したら[**終了**]をクリックします。

なお、ここでのオプションの選択はあくまで例の1つですので、いろいろと試してみてください。

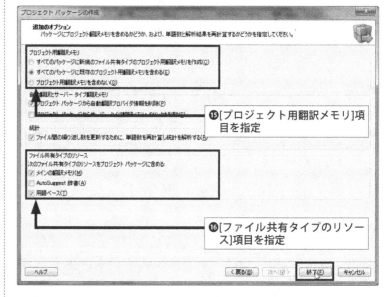

⓯[プロジェクト用翻訳メモリ]項目を指定

⓰[ファイル共有タイプのリソース]項目を指定

1 翻訳プロジェクトのパッケージを作成する

⑰[**パッケージの作成**]が実行されます。正常に処理が[**完了**]したことを確認して[**保存先のフォルダを開く**]をクリックします。

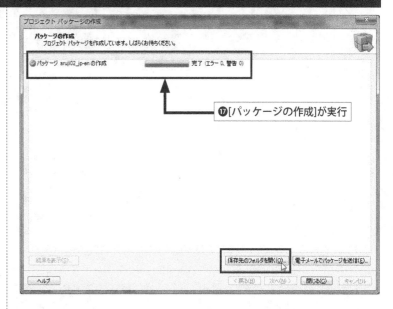

⑱パッケージが保存されたフォルダが開きます。プロジェクトパッケージ「**aruji02_jp-en.sdlppx**」（拡張子は.sdlppx）が作成されました。

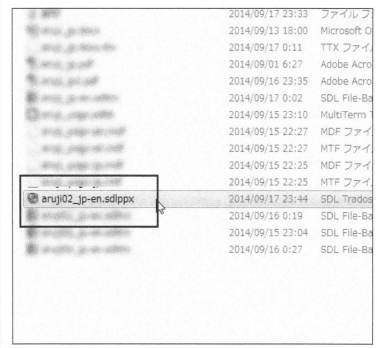

---

column

「プロジェクトパッケージの作成」はProfessionalのみ

ここでご紹介しました「**プロジェクトパッケージを作成**」は「**Professional**」エディションのみで使用できる機能です。「**Freelance**」、「**Starter**」エディションでは「**受け取ったプロジェクトパッケージを返却する場合の返却パッケージのみ作成可能**」です。つまり、翻訳会社やクライアント企業から受け取ったプロジェクトパッケージを、翻訳作業後に納品する場合にのみ、パッケージ作成が可能になります。
その他各エディションの機能比較一覧はSDL社のWebページ（**http://www.sdl.com/jp/products/sdl-trados-studio/index-tab4.html**）で確認できます。

S T E P

プロジェクトを削除する

では最後に翻訳作業が完了して不要になったプロジェクトを削除する手順をご紹介しましょう。

SDL Trados Studio 2014は各種のツールが相関し合っているので、不用意にプロジェクトフォルダを削除してしまうとアプリケーション自体が起動しなくなる可能性もあります。プロジェクトの削除には注意が必要です。

1　プロジェクトを[リストから削除]する

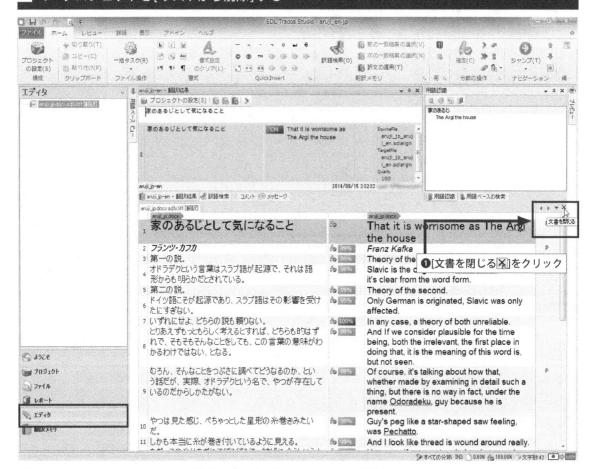

プロジェクトを削除するには、まず**該当のプロジェクトをリストから削除**します。

❶該当のプロジェクトに登録されたXLIFFファイルが `エディタ` ビューで開かれている場合は、画面右上の[**文書を閉じる**]をクリックして閉じます。

1 プロジェクトを[リストから削除]する

❷XLIFFファイルを閉じたら
■ プロジェクト ■ ビューに
移動します。該当のプロジェク
ト「aruji_en-jp」を**右クリック**
→[リストから削除]をクリックし
ます。

❸右のアラートが表示されますの
で**[はい]**をクリックします。

❹複数のプロジェクトを一括でリ
ストから削除することも可能で
す。**Shiftキー**を押しながら削除
するプロジェクトを選択して**右
クリック→[リストから削除]**をク
リックします。

❺右のアラートが表示されますの
で**[はい]**をクリックします。

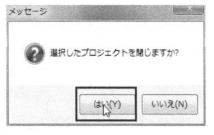

2 翻訳メモリを[リストから削除]する

❶続 い て [翻訳メモリ]
ビューを表示します。削除する
プロジェクトに登録されている
翻訳メモリが開いていた場合、
これも閉じなくてはなりません。
該当の翻訳メモリ（ここでは
「aruji_jp-en」）の上にカーソル
を移動して右クリック→[リスト
から削除]をクリックします。

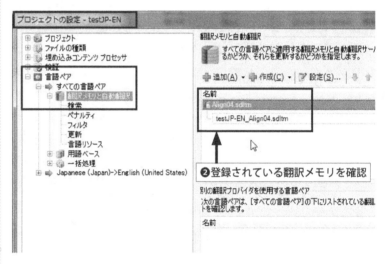

翻訳メモリに関してはまだ終わり
ではありません。翻訳メモリ「aruji_
jp-en」が他のプロジェクトに使わ
れていないかどうかを確認する必
要があります。
[プロジェクト] ビュー に 移
動して一覧に表示されているプロ
ジェクトを右クリック→[プロジェ
クトの設定]をクリックします。
❷翻 訳 プ ロ ジ ェ ク ト 「test_JP-
EN」の[プロジェクトの設定]を開
いています。
ツリーメニュー [言語ペア]を展
開して[すべての言語ペア]→[翻
訳メモリと自動翻訳]をクリック
します。
登録されている翻訳メモリを確
認します。ここでは「aruji_jp-
en」は登録されていませんでした。

❸続 い て 翻 訳 プ ロ ジ ェ ク ト
「samplePro」の[プロジェクトの
設定]を開きました。
同様にツリーメニューを展開し
て[翻訳メモリと自動翻訳]を表示
します。
このプロジェクトにも「aruji_
jp-en」の登録はありませんでし
た。

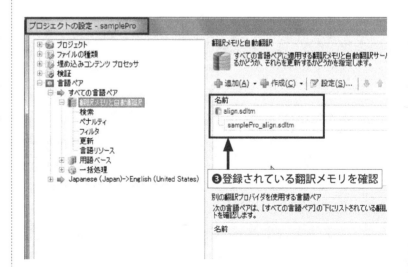

2 翻訳メモリを[リストから削除]する

❹翻訳プロジェクト「**Sample Project**」に登録されている翻訳メモリを確認します。
ここにも「**aruji_jp-en**」の登録はありませんでした。

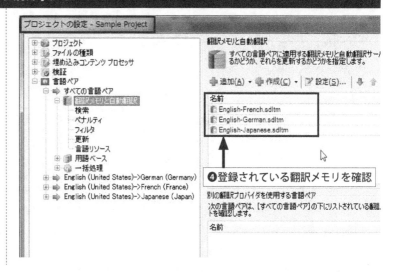

3 用語ベースを閉じる

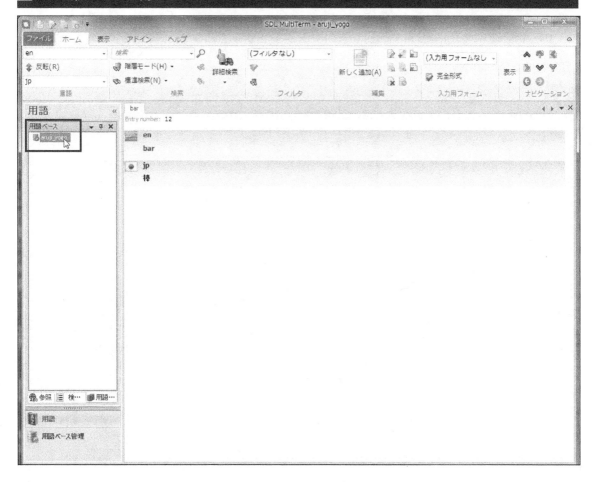

❶次は用語ベースを閉じます。**SDL MultiTerm 2014 Desktop**でプロジェクトに登録されている用語ベースが開いている場合は閉じます。SDL MultiTerm 2014 Desktopを見ると「**aruji_yogo**」が開いていましたのでこれを閉じましょう。

3 用語ベースを閉じる

❷まずは一覧に表示されている用語ベース「**aruji_yogo**」の上にカーソルを移動して**右クリック**→[**用語ベースを閉じる**]をクリックします。

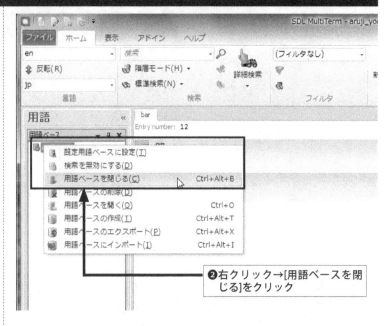

❷右クリック→[用語ベースを閉じる]をクリック

❸閉じただけで終わりではありません。次は[**ホーム**]リボン→[**用語ベースを開く**]をクリックします。

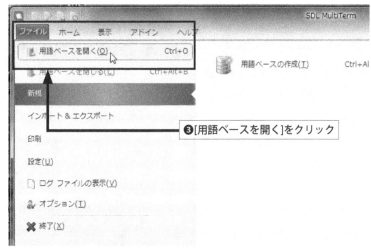

❸[用語ベースを開く]をクリック

❹[**用語ベースの選択**]ウィンドウが開いて、現在参照されている用語ベースの一覧が表示されます。削除する予定の「**aruji_yogo**」も表示されていることがわかります。

3 用語ベースを閉じる

❺削除する用語ベース「**aruji_
yogo**」を右クリックして[**このリ
ストからローカル用語ベースを
削除**]をクリックします。

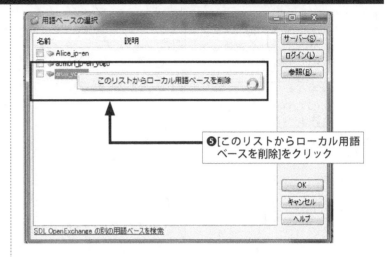

❻用語ベース「**aruji_yogo**」が一
覧から削除されました。

❼[**OK**]をクリックして[**用語ベース
の選択**]ウィンドウを閉じます。
SDL MultiTerm 2014 Desktop で
の作業はこれで終わりです。

■ 3 用語ベースを閉じる

❽次は翻訳メモリと同様、他のプロジェクトに削除予定の用語ベースが登録されていないかを確認します。SDL Trados Studio 2014 に戻り、[プロジェクト] ビューを表示します。
まずは翻訳プロジェクト「test_JP-EN」の上にカーソルを移動して右クリック→[プロジェクトの設定]をクリックします。

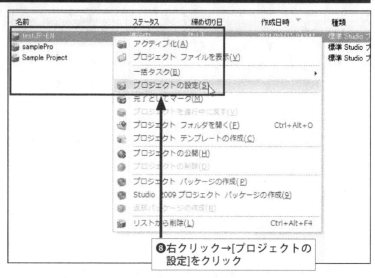

❽右クリック→[プロジェクトの設定]をクリック

❾ツリーメニュー [言語ペア]を展開して[すべての言語ペア]→[用語ベース]をクリックします。
削除予定の用語ベース「aruji_yogo」は登録されていませんでした。

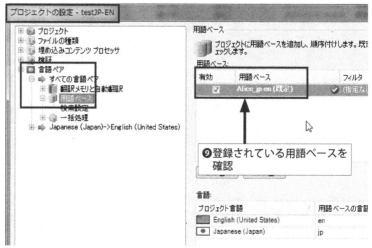

❾登録されている用語ベースを確認

❿続いて、翻訳プロジェクト「samplePro」の上にカーソルを移動して右クリック→[プロジェクトの設定]をクリックします。

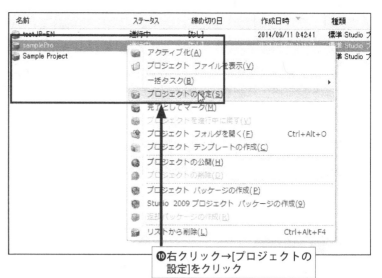

❿右クリック→[プロジェクトの設定]をクリック

3 用語ベースを閉じる

⓫同様にツリーメニューから[**用語ベース**]をクリックして表示します。
翻訳プロジェクト「**samplePro**」には用語ベースの登録自体がありませんでした。

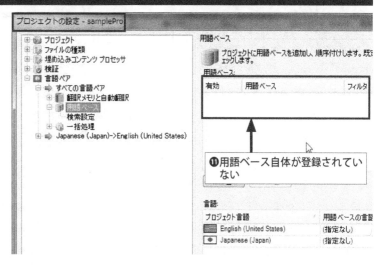

❶⓫用語ベース自体が登録されていない

⓬3つ目の翻訳プロジェクト「**Smaple Project**」の上にカーソルを移動して**右クリック→[プロジェクトの設定]**をクリックします。

⓬右クリック→[プロジェクトの設定]をクリック

⓭ここにも削除予定の用語ベース「**aruji_yogo**」は登録されていませんでした。

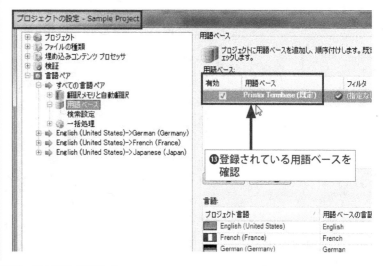

⓭登録されている用語ベースを確認

これで翻訳プロジェクトを削除する準備が一通り終わりました。

■ 4 翻訳プロジェクト一式を削除する

❶では翻訳プロジェクトを削除しましょう。
削除するプロジェクトフォルダを選択します。複数の場合はShiftキーを押しながら選択してください。右クリック→[削除]をクリックします。

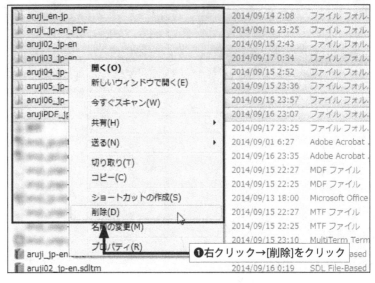

❷右のアラートが出ますので[はい]をクリックします。

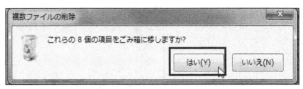

❸続いて翻訳メモリ、用語ベース、整合済みファイルとそれらに関連するファイルをすべて削除します。Shiftキーを押しながら選択して右クリック→[削除]をクリックします。

❹右のアラートが出ますので[はい]をクリックします。

これでプロジェクトの削除が無事に完了しました。

SDL Trados Studio 2014

- SDL Batch Find/Replace
- SDL T-Window for Clipboard
- SDL TTX It!
- Glossary Converter

Chapter 05

SDL OpenExchange

S T E P

SDL Batch Find/Replace

SDL OpenExchange（http://www.translationzone.com/
jp/openexchange/index.html）でダウンロード可能なア
プリケーションの中からいくつか紹介していきます。
まずはXLIFFファイルを検索／置換できる「SDL Batch
Find/Replace」のご紹介です。このアプリケーションは
SDL Trados Studio 2014に最初から同梱されています。

1 「SDL Batch Find/Replace」を使う

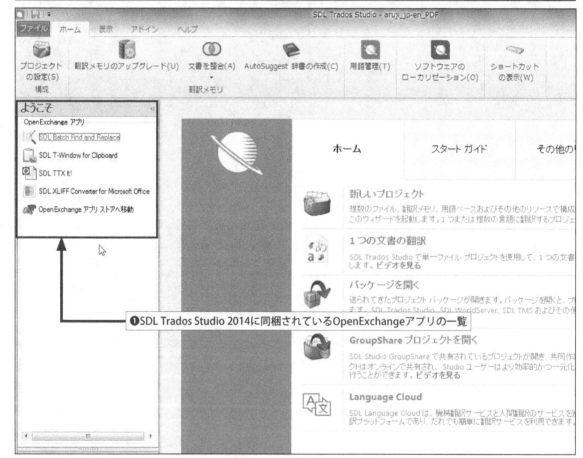

❶ SDL Trados Studio 2014に同梱されているOpenExchangeアプリの一覧

❶まず [ようこそ] ビューを開いて[ホーム]を表示します。
左側の[ようこそ]欄を見ると、SDL Trados Studio 2014に同梱されているOpenExchangeアプリの一覧が表示
されていることがわかります。
[SDL Batch Find/Replace]をクリックしてアプリケーションを起動しましょう。

1 「SDL Batch Find/Replace」を使う

❷SDL Batch Find/Replaceの ダ
ウンロードページ（http://
www.translationzone.com/
jp/openexchange/app/
sdlbatchfindreplace-35.html）で
す。
対象バージョンはSDL Trados
Studio 2009なのでダウンロード
して使用することはできません
が、機能の説明などは参考にす
ることができます。

❸では「**SDL Batch Find/Replace**」
を実際に使用してみます。
ここでは「**Odosa**」という単語
を検索／置換してみましょう。

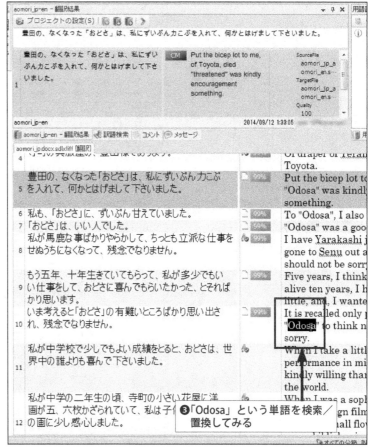

❸「Odosa」という単語を検索／
置換してみる

1　「SDL Batch Find/Replace」を使う

❹「**SDL Batch Find/Replace**」のイ
ンターフェイスです。

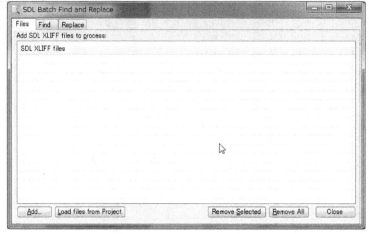

❺検索／置換対象のXLIFFファイル
を選択しましょう。**[Files]**タブを
表示して**[Add]**をクリックします。

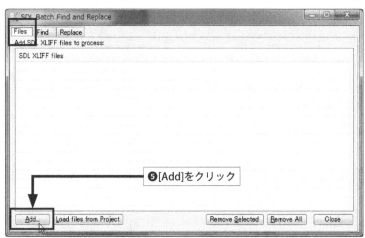

❺[Add]をクリック

❻検索／置換対象のXLIFFファイル
を選択して**[開く]**をクリックしま
す。ここでは「**aonori_jp.docx.
sdlxliff**」ファイルを選択していま
す。

1 「SDL Batch Find/Replace」を使う

❼[SDL XLIFF files]欄に選択したファイルが表示されました。

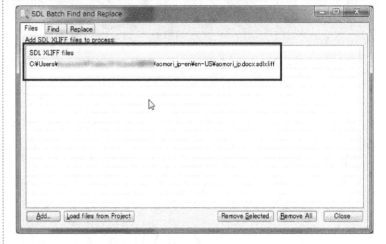

❽では選択したXLIFFファイルを検索していきます。
[Find]タブをクリックして表示し、[Find what:]欄に検索する語句（ここでは「Odosa」）を入力します。
❾検索する語句を入力したら[Find All]をクリックします。

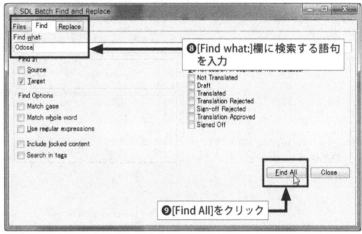

❿[Search Rresults]が表示されて、XLIFFファイル内の検索語句を含む分節が一覧表示されます。

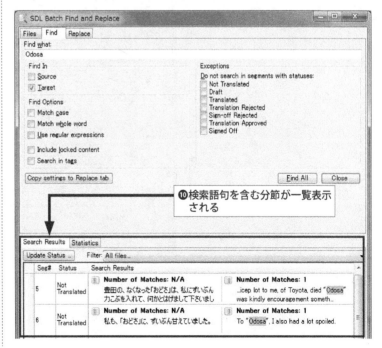

1 「SDL Batch Find/Replace」を使う

⓫続いて置換の手順です。
　[Replace]タブをクリックして表示します。
　[Find what:]欄に検索する語句（ここでは「**Odosa**」）、**[Replace with:]**欄に置換する語句（ここでは「**odosa**」大文字「O」を小文字「o」に置換）をそれぞれ入力します。
⓬**[Replace All]**をクリックします。

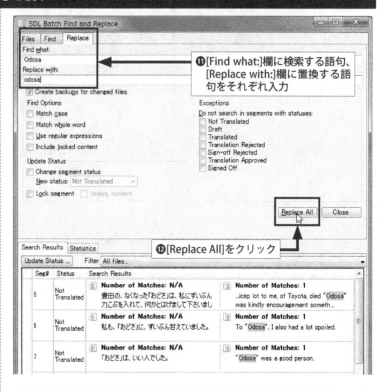

⓫[Find what:]欄に検索する語句、[Replace with:]欄に置換する語句をそれぞれ入力

⓬[Replace All]をクリック

⓭**[Replace Results]**欄が表示され、分節の置換結果が一覧表示されます。

⓭置換結果が一覧表示される

1 「SDL Batch Find/Replace」を使う

⓮XLIFFファイルの検索／置換が終わったら**[Close]**をクリックして**SDL Batch Find/Replace**を閉じます。

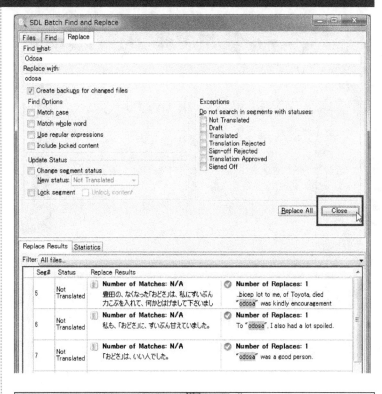

⓯SDL Trados Studio 2014に戻り、 エディタ ビューでXLIFFファイルを確認してみます。「**O**dosa」が「**o**dosa」に置換されていることがわかります。

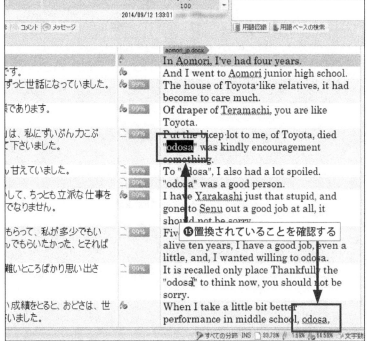

S T E P

SDL T-Window for Clipboard

次は「SDL T-Window for Clipboard」のご紹介です。
このアプリケーションを使うと、あらかじめ登録しておい
た翻訳メモリをクリップボードの語句で検索し、翻訳中の
対象ファイルにすばやく適用することができます。
常駐型のアプリケーションなのでその都度起動する必要
なく使うことが可能です。

1　「SDL T-Window for Clipboard」を使う（起動→翻訳メモリ登録まで）

❶SDL T-Window for Clipboardの
ダウンロードページ（http://
www.translationzone.com/
jp/openexchange/app/sdlt-
windowforclipboard-67.html）
です。
対象バージョンはSDL Trados
Studio 2009なのでダウンロード
して使用することはできません
が、機能の説明などは参考にす
ることができます。

1 「SDL T-Window for Clipboard」を使う（起動→翻訳メモリ登録まで）

❷P.178の同梱アプリケーショ
ン一覧からSDL T-Window for
Clipboardを起動しました。

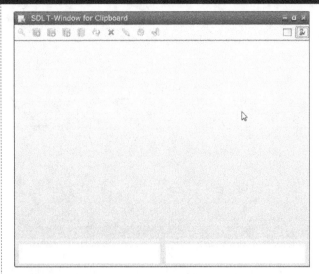

❸まずは画面右上の（**Options**）
をクリックします。

❹[**Translatioin Memories**]を表示
して、画面中央にある Add をク
リックします。

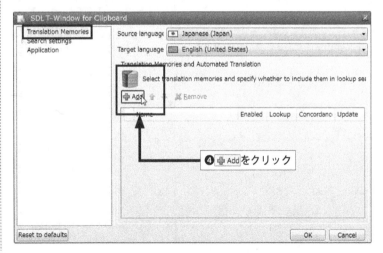

1 「SDL T-Window for Clipboard」を使う（起動→翻訳メモリ登録まで）

❺プルダウンメニューから**[File-based translation memory...]**を選択します。

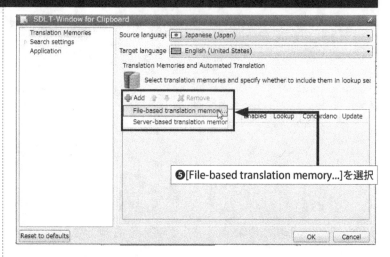

❻[File-based translation memory...]を選択

❻SDL T-Window for Clipboardに登録する翻訳メモリを選択して**[開く]**をクリックします。ここでは「**aruji_jp-en.sdltm**」を選択しています。

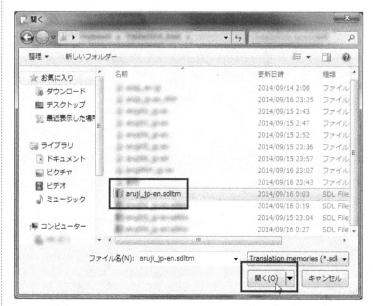

❼選択した翻訳メモリがSDL T-Window for Clipboardに表示されます。

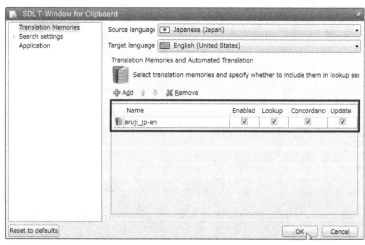

2 「SDL T-Window for Clipboard」を使う（登録した翻訳メモリ内を検索する）

❶では実際に使ってみます。まず
は　（**Auto-active T-Window**）
をクリックしてアプリケーショ
ンを常駐させます。

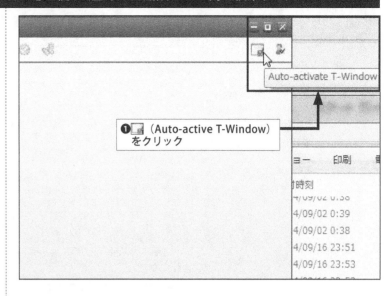

❷SDL Trados Studio 2014に戻り、
［エディタ］ビューに移
動して検索する語句をコピーし
ます。ここでは「**フランツ・カ
フカ**」という言葉をコピーしま
した。

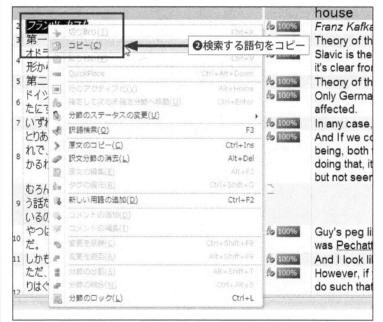

2 「SDL T-Window for Clipboard」を使う（登録した翻訳メモリ内を検索する）

❸常駐しているSDL T-Window for Clipboardが前面に表示され、登録しているメモリ内をコピーした語句で自動的に検索します。ここでは「**フランツ・カフカ**」という語句に対して「**Frantz kafka**」という翻訳エントリが翻訳メモリ「**aruji_jp-en.sdltm**」内に**マッチ率100%**で見つかりました。

❹翻訳エントリを修正することができます。

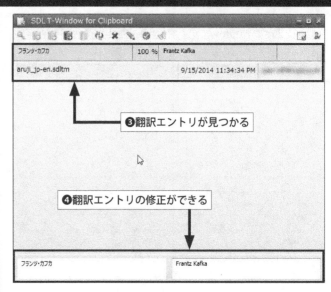

❺検索する語句はもちろん単語でなくても構いません。分節であっても翻訳メモリに登録してあれば検索することが可能です。

❻同様に見つかった翻訳エントリを修正することができます。

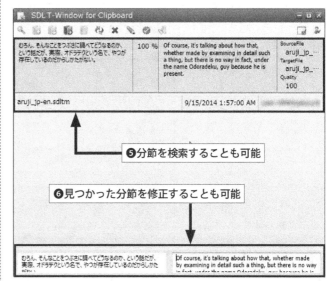

3 「SDL T-Window for Clipboard」を使う（翻訳エントリを編集する）

❶では 次 に SDL T-Window for Clipboardを使って翻訳エントリを新しく登録してみます。
まずは検索する語句をコピーします。今回はWord上で「**オブジェ**」という語句をコピーしました。

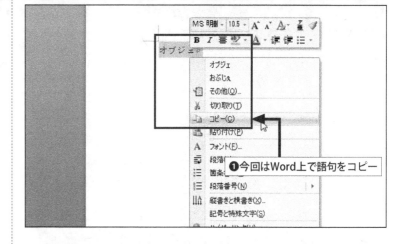

❷登録した翻訳メモリ内には「**オブジェ**」という語句を含む翻訳エントリは見つかりませんでしたので、新たに「**オブジェ**」を翻訳エントリとして登録しましょう。
「**オブジェ**」の訳文を入力します。今回は「**Objects**」と入力しました。
❸入 力 し た ら 📓（**Add as new translation**）をクリックします。

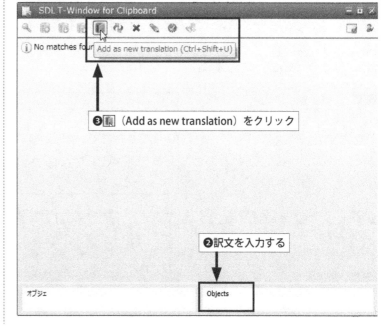

3　「SDL T-Window for Clipboard」を使う（翻訳エントリを編集する）

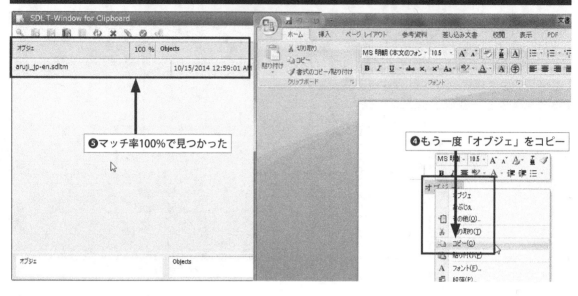

④もう一度Wordに戻って「**オブジェ**」をコピーしてみます。
⑤検索語句「**オブジェ**」に対する翻訳エントリ「**Objects**」がマッチ率100%で見つかりました。

⑥続いて登録した翻訳エントリを
修正してみます。

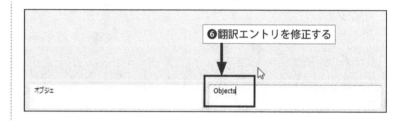

⑦「Objects」を「**the** Objects」と
変更しました。

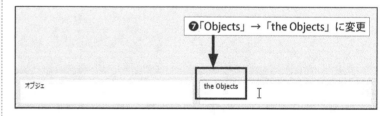

⑧ ✎（**Confirm**）をクリックして変
更を確定します。

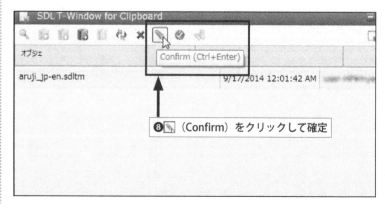

3 「SDL T-Window for Clipboard」を使う（翻訳エントリを編集する）

❾確認のためにもう一度「**オブ ジェ**」をコピーしてみます。

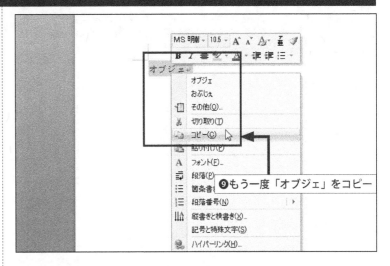

❾もう一度「オブジェ」をコピー

❿検索語句「**オブジェ**」に対する 翻訳エントリ「**the Objects**」が マッチ率100%で見つかりました。

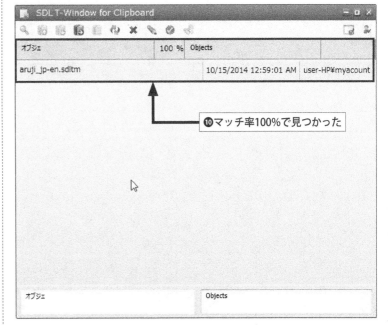

❿マッチ率100%で見つかった

4　SDL T-Window for Clipboardを終了する

❶SDL T-Window for Clipboardを終了します。
　　（**Auto-active T-Window**）をクリックして常駐を停止します。

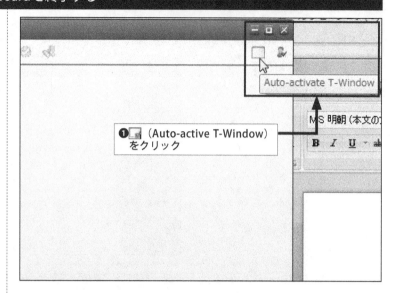

❶　（Auto-active T-Window）をクリック

❷　（**Close**）をクリックしてアプリケーションを終了します。

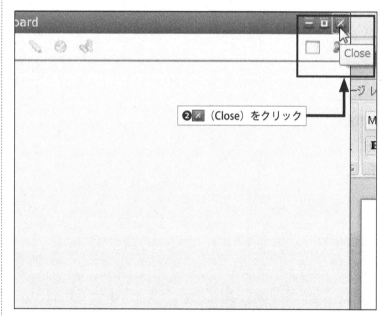

❷　（Close）をクリック

03

SDL TTX It!

次に「SDL TTX It!」をご紹介します。「SDL TTX It!」は（Word
などの）原文ファイルを「Translator's Workbench」に対
応したTTX形式に変換することができるアプリケーション
です。外注先がSDL Trados Studio 2009以前のバージョン
を使用している場合に、このアプリケーションを使用する
ことで互換性の問題をクリアすることができます。

1　「SDL TTX It!」を使う

❶SDL TTX It!のダウンロードペー
ジ（http://www.translationzone.
com/jp/openexchange/app/
sdlttxit-1.html）です。
対象バージョンはSDL Trados
Studio 2009なのでダウンロード
して使用することはできません
が、機能の説明などは参考にす
ることができます。

SDL TTX It!
提供元：SDL Community Developers
Version 1.0
SDL TTX It! は、さまざまなソースファイルをTTX形式に一括変換できる小さな高速ツールです。SDL TTX It! は、SDL
Trados 2007 DesktopツールのAPIを使用して、Translator's Workbenchによる手動の変換と同様に、選択したソースファイル
をTTXに変換します。SDL TTX It! によって、変換するファイルのソース言語を設定することができます（選択したソー
ス言語は、ツール終了時に.configファイルに保存され、次回開く際に自動的に設定されます）。また、INI Settings-
ManagerおよびFilter-Managerを起動して、変換前に設定とフィルタオプションを変更することもできます。実施したすべ
ての操作についてログが作成されます。ログはUIで表示され、テキストファイルで保存できます（消去もできます）。作成
されるTTXファイルは、常にソースファイルと同じフォルダに（ソースファイルと共に）保存されます。フォルダを選択し
た（またはドラッグアンドドロップした）場合は、そのフォルダとサブフォルダ内のすべてのファイルが、変換するソース
ファイルとみなされます。

☆☆☆☆☆　2749 ダウンロード　✔ 無料
(0 レビュー)

今すぐダウンロード
SDLにログインする必要があります

アプリケーションの詳細　　　レビュー　　　　　　サポートおよび開発者の連絡先

説明

SDL TTX It! は、さまざまなソースファイルをTTX形式に一括変換できる小さ
な高速ツールです。SDL TTX It! は、SDL Trados 2007 DesktopツールのAPI
を使用して、Translator's Workbenchによる手動の変換と同様に、選択したソ
ースファイルをTTXに変換します。SDL TTX It! によって、変換するファイル
のソース言語を設定することができます（選択したソース言語は、ツール終了
時に.configファイルに保存され、次回開く際に自動的に設定されます）。ま
た、INI Settings-ManagerおよびFilter-Managerを起動して、変換前に設定と
フィルタオプションを変更することもできます。実施したすべての操作につ
いてログが作成されます。ログはUIで表示され、テキストファイルで保存で
きます（消去もできます）。作成されるTTXファイルは、常にソースファイ
ルと同じフォルダに（ソースファイルと共に）保存されます。フォルダを選
択した（またはドラッグアンドドロップした）場合は、そのフォルダとサブフ
ォルダ内のすべてのファイルが、変換するソースファイルとみなされます。

対応製品
✔ SDL Trados Studio 2009

使用可能な言語
英語

価格
無料

1　「SDL TTX It!」を使う

❷では実際にSDL TTX It!を使用して
みましょう。P.178の同梱アプリ
ケーション一覧から起動します。
右がSDL TTX It!を起動した際に表
示される画面です。

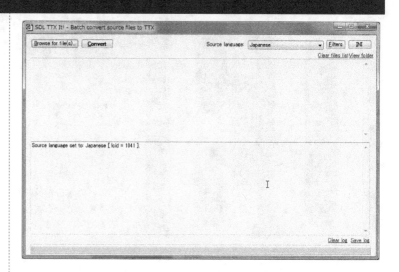

❸[Source language:]欄のプルダウ
ンメニューから原文言語を選択
します。今回は[Japanese]（日
本語）を選択しています。

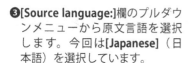
❸原文言語を選択

❹続いてTTXに変換する元ファイ
ルを選択します。[Browse for
file(s)]をクリックします。

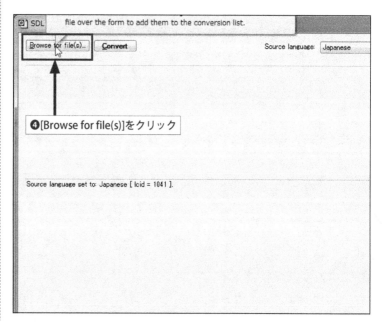

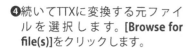
❹[Browse for file(s)]をクリック

1 「SDL TTX It!」を使う

❺元ファイルを選択して[**開く**]をクリックします。ここでは「**aruji_jp.docx**」を選択しています。

❻選択したファイル名が表示されていることを確認して[**Convert**]をクリックします。

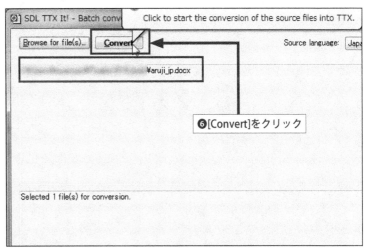

❻[Convert]をクリック

❼変換が実行されます。下部の進捗バーが最後まで伸びて「**Completed.**」と表示されれば変換完了です。

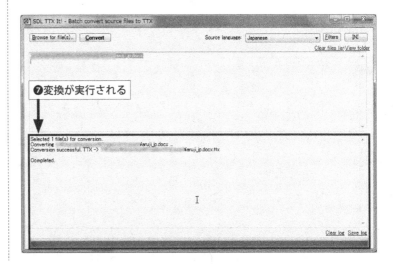

❼変換が実行される

1 「SDL TTX It!」を使う

❽変換済みのTTXファイルを確認してみましょう。画面右側にある[View folder]をクリックします。

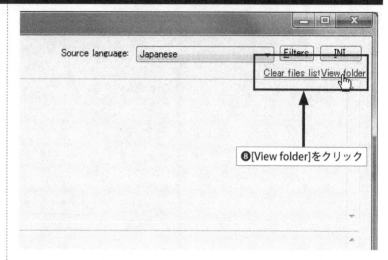

❾変換済みのTTXファイルが保存されたフォルダが開きます。「**aruji_jp.docx.ttx**」が生成されていることが確認できます。

Glossary Converter

STEP

Glossary Converter

「Glossary Converter」はExcelファイル、その他の用語集
⇄MultiTerm用語ベースの変換をドラッグ&ドロップのみ
で実現するアプリケーションです。このアプリケーション
を使うと、通常はいくつかの行程を経なければならない用
語ベースの作成作業を簡単に完了することができ、さらな
る作業効率のアップに役立ちます。

---

1 「Glossary Converter」をダウンロードして起動する

❶「**Glossary Converter**」が
ダウンロードできるページ
(http://www.translationzone.
com/jp/openexchange/app/
glossaryconverter-476.html)です。
ダウンロードするにはSDLのアカ
ウントでログインする必要があ
ります。

Glossary Converter
提供元：*Gerhard Kordmann*
Version 3.0

「Glossary Converter」では、簡単なドラッグ＆ドロップ操作でMultiTerm用語集とExcel用語集（および他の
間の変換が可能です。

バージョン3.0の追加機能：Studio 2014のサポート、用語ベーステンプレートによるすべてのフィールドタ
ィアを含む）のサポート、変換形式としてのXDTおよびXMLファイルのサポート、その他多数（詳細は同様
ルをご覧ください）。

SDL Trados Studioでは、AutoSuggestのソースとして用語ベースを利用できます。シンプルなスプレッドシ
いる用語集を活用するにはSDL MultiTermおよびSDL MultiTerm Convertを使用する必要がありますが、これ
ります。

このツールを使用すると、スプレッドシートの用語集と用語ベース間の変換を最小限の操作で行えるので、
す。Excelファイル（csv、xls、xlsx）をプログラムアイコンにドラッグ＆ドロップするだけで、同じ名前の
成されます。用語ベースからスプレッドシートへの変換も、同じように簡単です。

このアプリは、MultiTerm Convertをはじめとする市販の変換ツールの代替品ではありません。異なるファ
ータ損失なしで変換/逆変換を行えることを保障するものではありません。

☆☆☆☆☆ o ダウンロード ✔ 無料
(0レビュー)

今すぐダウ
SDLにログインす

アプリの詳細　　　　　　レビュー　　　　　サポートおよび開発者の

説明
「Glossary Converter」では、簡単なドラッグ＆ドロップ操作でMultiTerm用語
集とExcel用語集（および他のフォーマット）間の変換が可能です。

対応製品
✔ SDL MultiTerm 2009
✔ SDL MultiTerm 2011

1　「Glossary Converter」をダウンロードして起動する

❷「**Glossary Converter**」をダウン
ロードしてインストールが完了
すると、**[SDL OpenExchange]**
フォルダからアクセスできるよ
うになります。

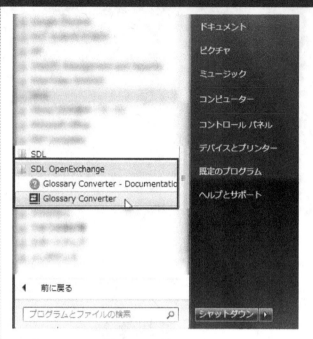

❻「**Glossary Converter**」が起動し
ました。非常にすっきりしたイ
ンターフェイスです。

2　「Glossary Converter」の環境設定

❶変換を実行する前にまずは環境
設定を確認してみましょう。
画面中央左の[setting]をクリッ
クします。

❷環境設定ウィンドウが開きます。
[File Formats]タ ブ を 表 示
し て [Output format when
converting termbases]欄 を 確
認します。ここでは[Excel 2007
Workbook]が選択されています。
これは、MultiTerm用語ベースを
ドラッグした際にExcel 2007形式
に変換されることを意味してい
ます。
問題なければ[OK]をクリックし
てウィンドウを閉じます。

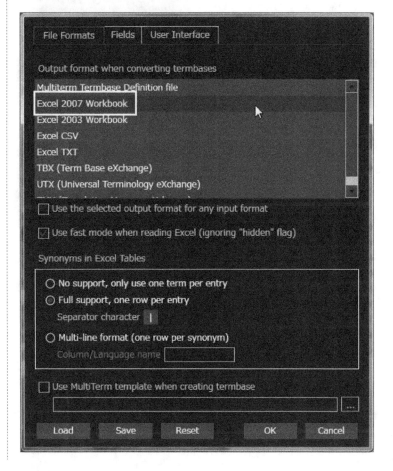

3 ExcelファイルをMultiTerm用語ベースに変換する

❶まずはExcelファイルの用語集を
MultiTerm用語ベースに変換して
みましょう。

変換用にExcelファイルの用語集
を用意します。今回は「**走れメ
ロス**」の冒頭部分の単語を適当
に抜粋して機械翻訳した用語集
「**Melos_yogo.xlsx**」を用意しま
した。

A列に原文（日本語）、B列に訳文
（英語）を入れました。各言語と
も**1行目にタイトルが入っている**
ことに注目して下さい。これが
ないとうまく変換ができなくな
るのでご注意ください。

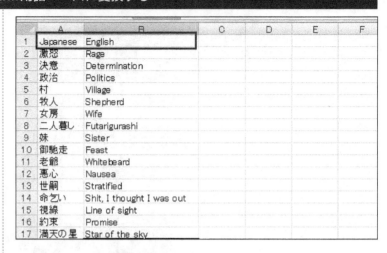

	A	B	C	D	E	F
1	Japanese	English				
2	激怒	Rage				
3	決意	Determination				
4	政治	Politics				
5	村	Village				
6	牧人	Shepherd				
7	女房	Wife				
8	二人暮し	Futarigurashi				
9	妹	Sister				
10	御馳走	Feast				
11	老爺	Whitebeard				
12	悪心	Nausea				
13	世嗣	Stratified				
14	命乞い	Shit, I thought I was out				
15	視線	Line of sight				
16	約束	Promise				
17	満天の星	Star of the sky				

❷用語集「**Melos_yogo.xlsx**」を
「**Glossary Converter**」にドラッ
グします。

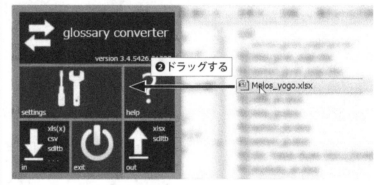

❸すぐに変換が完了し、Excelファ
イル「**Melos_yogo.xlsx**」が保存
されているフォルダにMultiTerm
用 語 ベ ー ス「**Melos_yogo.
sdltb**」が生成されます。

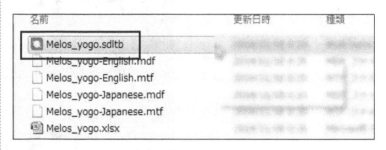

❹生成された用語ベース「**Melos_
yogo.sdltb**」を「**SDL MultiTerm
2014 Desktop**」で開いて確認し
てみます。

ちゃんと用語ベースとして保存
されていることがわかります。
また、Excelファイルの1列目に入
れた「**Japanese**」と「**English**」
が各言語の言語名になっている
ことも確認できます。

4 MultiTerm用語ベースをExcelファイルに変換する

❶次 はMultiTerm用 語 ベ ー ス を Excelファイルに変換してみましょう。
先ほど生成された「**Melos_yogo.sdltb**」をコピーして、ファイル名 を「**Melos_yogo_02.sdltb**」としました。

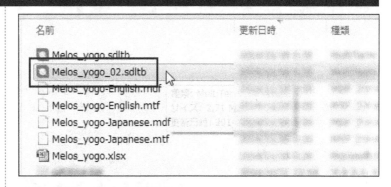

❷用 語 ベ ー ス「**Melos_yogo_02.sdltb**」を「**Glossary Converter**」にドラッグします。

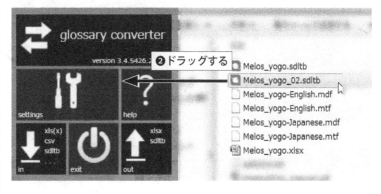

❸すぐに変換が完了してExcelファイル「**Melos_yogo_02.xlsx**」が生成されます。

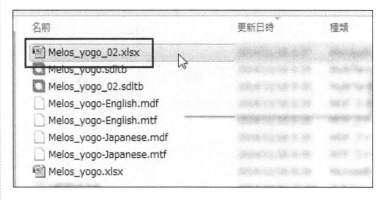

❹「**Melos_yogo_02.xlsx**」を 開 いて確認してみます。
特に問題なく変換されていることが確認できました。

	A	B	C	D
1	>>L<<Japanese	>>L<<English		
2	激怒	Rage		
3	決意	Determination		
4	政治	Politics		
5	村	Village		
6	牧人	Shepherd		
7	女房	Wife		
8	二人暮し	Futarigurashi		
9	妹	Sister		
10	御馳走	Feast		
11	老爺	Whitebeard		
12	悪心	Nausea		
13	世嗣	Stratified		
14	命乞い	Shit, I thought I was out		
15	視線	Line of sight		
16	約束	Promise		
17	満天の星	Star of the sky		

SDL OpenExchangeのページを日本語表示に変える

「**SDL OpenExchange**」のホームページにアクセスすると、英語表記のページが表示される場合があります。

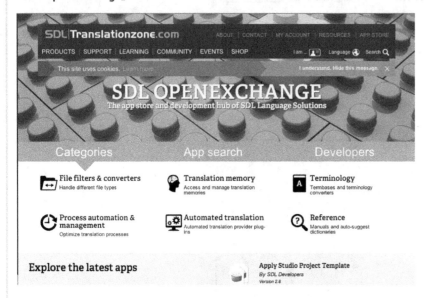

この場合は画面右側にある[**Language**]をクリックしてプルダウンメニューから[**日本語**]を選択することで表示言語を切り替えることができます。

アンケートにご協力ください

このたびは『SDL Trados Studio 2014 The Reference Book』をお買い上げいただきまことにありがとうございます。私たち、「個人出版支援のFrentopia」では日々お客さまのご要望にお応えするための情報収集を行っております。つきましては、大変お手数ではございますが下記URLよりアクセスいただき、1分程度の簡単なアンケートにご協力いただけると幸いです。

→http://www.frentopia.com/qa/

今後ともどうぞよろしくお願いします。

SDL Trados Studio 2014 The Reference Book
やっぱり翻訳者は翻訳に集中するべきだと思うんです

2014年12月31日　初版第1刷発行

著　者　　佐藤一平
発行者　　佐藤一平
発行責任者住所等連絡先
　　　　　〒194-0021
　　　　　東京都町田市中町1-26-14-ボヌール鈴田407
　　　　　http://frentopia.com
　　　　　Mail: info@frentopia.com
　　　　　TEL: 042-850-9694
印刷・製本　CreateSpace

www.ingramcontent.com/pod-product-compliance
Lightning Source LLC
LaVergne TN
LVHW062316060326
832902LV00013B/2240